これから働き始める人のための

実践的仕事論

大谷 謙治

学 文 社

はじめに

本書は、現在、就職活動中の学生の皆さんや、会社で働く若手社員の皆さんを主たる読者としてイメージし、経済と経営、および会社にかかわる基本的な事柄や、仕事にあたっての大切な心構えについて筆者の思いや知見をまとめたものです。

読者の中には生まれてこの方、わが国が戦後歩んできた、いわば「坂の上の雲」の時代、夢多き時を全く経験していない方がたくさんいることでしょう。折しも、近年、わが国は少子高齢化、財政赤字、資源・エネルギー問題や国際競争力の低下など様々な厳しい課題に直面するようになり、その不運を嘆いている方がいるかもしれません。しかし、「ピンチはチャンスなり」といいます。故事に「艱《かん》難汝《なんなんじ》を玉にす」ともいいます。歴史を振り返れば、明治維新や戦後の混乱期など、世の中がひっくり返るときや生まれ変わるときには、必ずといっていいほど若者による新しいダイナミズム（活力）が登場し変革を主導してきました。若い皆さんが持っている人間力と仕事力をさらに練磨し、大いに現代の諸課題の解決と閉塞状況の打破に尽力して欲しいと願い、本書の筆をとった次第です。

さて、学生の皆さんの中には、就職活動に時間を取られて学校の勉強が手につかないといった方がいるでしょう。確かに就活のための勉強や面接のトレーニングは欠かせませんが、断片的な知識やテクニックの習得だけで終わってしまうのは勿体ない気がします。就活は来る社会人生活に向けての重要な準備期間であると同時に、人生における大きな修練の場であると考えるべきでしょう。そのためには、孫子の兵法にある「彼《かれ》を知り、己《おのれ》を知れば、百戦危うからず」の準備が大切ではないでしょうか。

また、会社ですでに仕事に就いている皆さんは、かつて月謝を納めてきた立場から今や給料を貰う立場に変わっています。マイナスからプラスへと、収支で天地の開きがあります。この厳粛な事実のもと、この厳しい経営環境の克服に貢献していただかねばなりません。ところが、残念ながらせっかく会社に入っても自分の思いと現実が違っているとの理由で意欲を失ってしまったり、辞めてしまったりする人が少なからずいるのが事実です。「石の上にも三年」の覚悟を持つためには、やはり「彼を知り、己を知る」ことが大切ではないでしょうか。

「己」、すなわち自分自身を知ることは一朝一夕にはできませんが、「彼」、すなわち会社や仕事を知ることについては講義や書籍が少しは役立つでしょう。本書において、会社は何を目的としているのか、どのように動いているのか、そこでの人間関係のあり方や仕事の進め方はどうあるべきかなどについてお話しします。個別的な知識としてではなく、できるだけ体系的な知恵として体得していただくように工夫したつもりです。就活の上で焦りを感じている皆さんには無手勝流ではなく、会社が人材に対して基本的に求めていることについて理解いただければと思います。仕事の上で壁を感じている皆さんには自己流だけではなく、一般的な仕事の作法についてあらためて理解を深めて貰えればと思います。

本書の内容は、大阪経済大学の学部学生を対象に行った特殊講義「実践経営論」をベースにまとめたものです。全部で十四講を大きく三編に分けています。第Ⅰ編（第一～三講）では会社や仕事を考える準備として経済および経営のこれまでの流れと、これからのあり方を解説します。皆さんの両親や先輩たちがどのような時代をどのように生きてきたのかに思いを致し、そして皆さん自身が現在どのような場に立っているのかを考える縁《よすが》としてください。第Ⅱ編（第四～十講）では本書の中核として、仕事の基本的な作法について述べます。仕事のやり方は会社や組織、職種や歴史によって千差万別ですが、その基本となる作法は共通しています。それを正しく理解し、その上に立ってそれぞれの皆さんの流儀を確立するための参考にしてください。第Ⅲ編（第十一～十四講）では実際の仕事をいくつかの職種に分けて、その実践のあらましを説明します。学生の皆さんには就活における職種の選択に、若手社員の皆さんには他部署との円滑な連携に、それぞれ生かしてください。

なお、これら三編はある意味で独立していますので、興味のあるところから読み進めていただいても全く問題はありません。

著名な動物学者で探検家の西堀榮三郎さんが残された多くの語録を後輩たちが「いろは」カルタに残したとのことです。最後の〝わ〟のところは「若いときの夢は叶えられる」だったそうです。本書がこれから社会で力を発揮しようと張り切っている皆さんに、それぞれの「仕事の流儀」を確立して「夢を叶える」上で多少とも参考になるところがあれば大変うれしく思います。

出版にあたりましては、学文社の田中千津子社長から丁寧な校正をいただきました。この場をお借りして、厚く御礼申しあげます。

目次

はじめに …… i

第Ⅰ編　経済と経営の歩み

第一講　日本経済の流れ …… 2
一．戦後の復興期 …… 3
二．高度成長期 …… 5
三．安定成長期 …… 7
四．バブル経済の崩壊とその後 …… 11
第二講　企業経営の変遷 …… 15
一．会社と社員 …… 15

二．企業の責任と統治……19
三．事業活動……23
第三講　近年の経営環境と経営戦略……28
一．少子高齢化……28
二．地球環境・資源問題……32
三．経済のグローバル化……35
第Ⅱ編　仕事の基本的な作法
第四講　会社と仕事……40
一．仕事の目的と目標……41
二．仕事に対する心構え……44
三．仕事の進め方……48
第五講　組織と個人……53
一．組　織　力……53
二．組織と個人の関係……55
三．上司と部下の関係……58

四．教育・訓練のあり方……60
第六講　人　間　力……64
一．人間力とは……65
二．心の持ち方……68
三．頭の使い方……71
四．行動力の発揮……74
第七講　コミュニケーション……78
一．コミュニケーションの基本姿勢……79
二．情報の非対称性……83
三．正確なコミュニケーション……85
四．課題中心のコミュニケーション……87
第八講　情報・データと意思決定……90
一．情報・データの収集……91
二．情報・データの分析……94
三．意思決定……96
四．システムの活用……99

第九講　リスクマネジメント……103
一．様々なリスク……104
二．リスクマネジメントの基本……106
三．安全・安心のリスクマネジメント……110
四．小さなトラブルと大きなトラブル……113
第十講　コンプライアンス……117
一．コンプライアンスとは……118
二．企業にかかわる法律……120
三．コンプライアンス違反と罰則……123
四．コンプライアンスのための経営の仕組み……125

第Ⅲ編　仕事の実践

第十一講　マーケティングと営業……130
一．顧客・社会満足……131
二．マーケティングのあり方……133
三．営業のあり方……137

第十二講　開発と知的財産……142
一．よい製品・サービス……143
二．開発のあり方……147
三．知的財産のマネジメント……152
第十三講　もの作り……156
一．設計・調達……157
二．製　造……160
三．据付け・保守……164
第十四講　業績と会計……169
一．経営計画……170
二．売上げと利益……173
三．資産とキャッシュ……177
おわりに……183

第Ⅰ編 経済と経営の歩み

わが国の経済および経営の戦後からの歴史的な変遷と、近年のわが国を取り巻く経営環境および国際環境について概観します。

戦後の廃墟の中から私たちの先輩たちは苦難を乗り越え豊かな経済社会を構築してきました。そして、今日、私たちの前には社会的、あるいは地球的なレベルの新しい課題が次々と現出してきました。

本編では、その中で、「企業」はいかにあるべきか、新しく「起業」する場合には、その方向性をどのように見出していくべきかについて考察します。仕事を選択し、仕事を実践する際の参考にしてください。

第一講

日本経済の流れ

物事のいろいろな見方を比喩的に、「虫の目」「鳥の目」「魚の目」といいます。虫の目は複眼的に近く深く現場を見ること、鳥の目は高いところから全体像を俯瞰《ふかん》すること、そして魚の目は潮の流れや干潮満潮の変化を感じ取る能力です。

会社とその仕事のあり方を虫の目でじっくりと考察するためには、その前段として会社を取り巻く経済環境を鳥の目で総覧しなければなりません。また、その歴史とこれからの展望を魚の目で通覧しておくことが大切でしょう。

わが国においては古くからその時々の経済活動がありましたが、本講ではその中で、とりわけ現在の企業のありように直結している戦後経済の変遷を辿ってみたいと思います。

なお、所々で自己紹介を兼ねて自分史を蛇足的に挟んでみました。

一．戦後の復興期

筆者は戦中の生まれであり、戦後すぐの話は私の幼年期にあたり、実体験ではありません。様々な歴史の教科書を参考にしながら理解を進めていきます。

戦後の再興は連合国軍最高司令官のマッカーサー元帥の統治下で行われました。連合国軍は日本軍を解体し、軍事産業を停止させるとともに、わが国の経済改革として財閥解体、農地改革、および労働改革を行いました。

まず、三井、三菱、住友、安田などの財閥が軍と結託したことが戦争を引き起こした要因の一つであるとして、それらを解体し細分化したのです。〝経営の神様〟と称された松下幸之助氏も、会社が戦争に消極的ではあるが協力した大企業の一つとして財閥の指定を受け、一時、大変に苦労されたそうです。ちなみに、現在は細分化された財閥系の企業群が再び結集して新たなグループを形成するようになっています。「範囲の経済」、すなわち複数の補完的な事業活動を持つことによって全体的な経済性を追求しているのです。

次に、農地の所有制度の改革です。戦前は地主制度の下で封建的な搾取が行われて農村が疲弊していました。そのような状況を解決するために、自ら耕作をせずに小作人に任せていた土地を地主から安値で買い上げて小作人に売り渡すことによって自作農家をたくさん作りました。

三つ目は労働改革であり、労働関連法の策定です。労働組合の結成を促し、労働者の権利を大幅に拡大しました。このような施策は賃金を上昇させるとともに、景気と市場の回復に寄与するところとなりました。

一方、国の復興のための基本経済政策として傾斜生産と呼ばれる方針がとられました。戦後は基礎物資がひっ迫したので、国として必要不可欠な部分に国の資源を集中させたのです。例えばエネルギー源である石炭、産業の基礎材である鉄鋼、また農業に必須の肥料です。その他は不要不急とする方針の下で、国を挙げて戦後の再興を急いだのです。

そのうち、朝鮮戦争が勃発しました。終戦から五年後の一九五〇年に、北朝鮮の金日成（現在の金正恩第一書記の祖父）がソビエト連邦から武器や弾薬の供与を受けて韓国を統一すべく南下しました。また、毛沢東に率いられた中華人民共和国も義勇軍を送り北朝鮮を支援したのです。一方、米国を中心とした連合軍はこれに反撃し、一九五三年にようやく北緯三八度線を挟んで休戦状態に入り現在に至っています。この戦争でわが国は特需を受けました。例えば衣服、毛布、鋼材やトラックなど戦争に必要な軍用品の連合国側の供給基地になったのです。これによって日本の経済は急速に息を吹き返しました。ＧＮＰ（国民総生産）が戦前のレベルに戻ったのです。

なお、近年はＧＮＰの代わりにＧＤＰ（国内総生産）が経済規模の指標として使われます。前者は海外も含めた日本人の総生産であるのに対し、後者は日本国内での総生産であり国の景気をよりよく反映しているという違いがありますが、大きな数字の違いはありません。

一九五六年の経済白書（現在の経済財政報告）では、「もはや戦後ではない」という表現が使われました。戦後、一一年目のことです。わが国は米国を中心とした連合国の支援の下、官民挙げて日本経済を何とか復活させることに成功したのです。筆者らの父母の世代はないない尽くしの中、家庭を守り子どもを育て、そして国を建て直したのです。

二．高度成長期

そこから急速な経済成長が始まり、わが国の経済は一九五〇年代の半ばから七〇年代の初めまで力強く成長しました。一九六〇年、首相に就任した池田勇人氏は所得倍増計画というスローガンを掲げ、実際にそれを上回る成果を出しました。一九六〇年から一〇年間、年率一〇%を超える成長をしました。ちょうど、現在の中国の勢いです。七%増が一〇年続くと二倍になる計算ですので、一〇%を一〇年間というのは大変な数字です。その間、一九六四年には東京オリンピックがありました。ちなみに、ソウルは一九八八年、北京は二〇〇八年です。いずれの国もその前後で急成長したのはご承知のとおりです。オリンピックの年には新幹線も開業しました。そして、一九六八年、ついにわが国は西独を抜いてGNPで世界第二位になったのです。以後、二〇一〇年に中国に追い越されるまで、その地位をキープしました。

　この時期は筆者の学生時代と重なります。産業に直結する工学系がもてはやされ、次々と新しい大学や、学部、学科が新設されました。三〇歳代半ばの新進気鋭の教授が数多く輩出して教育・研究をリードしました。活気ある、いわば戦後の「坂の上の雲」の時代といえるでしょう。一九五〇年代の終わりごろ、流行歌手のフランク永井が歌の中で「……一三八〇〇円、ぜいたく言わなきゃ食えるじゃないか……」と歌っていましたが、庶民の給与は経済の成長とともに年々二桁の割合で上がっていきました。それでも、当時の為替レートは随分と円安に設定されていたので欧米の先進国のコストからすれば相当に割安でした。成長の原動力は、このように安くて質の高い労働力と積極的な投資に支えられたものだったのです。

　この勢いのあるよき時代の景気の山にはいろいろな名称が冠せられました。最初は一九五五年から一九五七年までの「神武景気」で耐久消費財が普及し始めました。次が一九五八年から一九六一年までの「岩戸景気」で重化学工業が伸びました。そして、一九六五年から一九七〇年までの「いざなぎ景気」では輸出が景気を引っ張りました。これらの名称は古事記や日本書紀の神話に登場する神様の名前や故事にちなんだものです。

　この間、国民の生活も潤いました。一九五〇年代の後半には「三種の神器」としてテレビ、洗濯機、冷蔵庫がもてはやされだしました。筆者の小学校時代にテレビが世に出始め、近所の家で力道山のプロレスや大相撲をしばしば見物させてもらいました。一九六〇年代の半ばには「新三種の神器」として自動車、カラーテレビ、エアコンが国民生活に浸透し始めました。

一方、高度経済成長の負の部分として、「イタイイタイ病」「水俣病」「四日市喘息」などの公害が発生し、多くの住民に深刻な被害を与えました。それぞれ川に垂れ流されたカドミニウム、水銀や大気汚染が原因です。これらの重金属は飲料水から直接的に摂取されたものだけではなく、魚などを通じた食物連鎖によって凝縮され、最終的に人間に蓄積されたのです。

近年は開発途上国で公害が広がっています。その中で、中国はもはや開発途上国とはいえませんが、北京や上海における工場排水による汚染や、車や工場から排出された煙（PM2・5）による空気汚染はかなり深刻です。わが国は環境技術の先進国として、これらの国々への貢献が期待されているところです。

三．安定成長期

やがて、このようなわが国の高度経済成長にかげりが見え始めました。一九七一年にはニクソンショックと呼ばれる衝撃が走りました。それまで米国のドルは金（ゴールド）に交換が可能でしたが、それを一方的に停止すると当時の米国大統領が発表したのです。そのためドルの信用度が急速に低下し、結果として相対的に円が高く評価されることとなり、わが国の輸出競争力が減殺されました。それまでは戦後のブレトンウッズ体制（欧米の先進国による合意）の下で、一ドルは三六〇円に固定されていましたが、これをきっかけに三〇〇円近くにまで上昇しました。ちなみに、この決定をしたニクソン大統領は後にウォーターゲート事件（選挙にかかわる盗聴事件）で指弾されて辞任したことを聞かれた方もいるでしょう。

一九七三年にはイスラエルとエジプト、シリア間で第四次中東戦争が勃発し、石油の値段が一挙に四倍に急騰しました。いわゆる第一次石油ショックです。石油関連を中心に物価が上がり、店頭から石油と直接的に関係のないトイレットペーパーまでが消えるという珍現象が起きました。口コミでトイレットペーパーがなくなるという噂が広まり買い付け騒動になったのです。今だに、筆者の母などはこれに懲りて家に多めの在庫を持っています。当時、これを儲けのための千載一遇のチャンスとして店頭在庫を恣意的にコントロールするなどの商道徳に反する行為がしばしば報道されました。翌年の一九七四年にかけて、全国を吹き荒れた学園紛争が大方収束して静けさを取り戻す一方、社会・経済は年率二〇％強のインフレと三〇％強の賃上げという異常な状況を迎えたのです。このような時期に、筆者は大学での研究生活から波乱の実業の世界へと転身しました。

一九七九年にはイラン革命に起因する第二次石油ショックがありました。それまで親米派の国王が統治していましたが、最高指導者ホメイニ師を担いだイスラムの革命勢力が実権を握り、石油の生産が一時的に停滞して需給が逼迫しました。この時もわが国でインフレが発生しましたが、今度は前回の経験がありそれほど大きな混乱にはなりませんでした。むしろ、ピンチをチャンスと捉えてわが国では省エネ技術が急速に進みました。米国で乗用車の排ガス規制が強化されて、それに日本の自動車メーカーが先陣を切って次々と合格し一気にシェアを高めたのです。

この間、日本と米国間には常に輸出入にかかわる様々な規制と不均衡が問題視されてきました。いわゆる貿易摩擦は早くも一九五〇年代半ばに始まり、現在に至るまでなお厳しい状態が続いています。まず、繊維の輸出制限が要請されました。一方で、わが国は米国の統治下にあった沖縄の返還を要求し、これら双方の要望を交換する形で一九七二年に協定が結ばれました。当時の佐藤栄作首相はこの功績などによってノーベル平和賞を受けたのです。この他、一九七〇年代には鉄鋼、テレビ、ビデオや工作機械類が、一九八〇年代には自動車、半導体の輸出の自主規制が求められました。さらに、米国はわが国の市場が閉鎖的であるとして、その開放を求めてきました。例えば、牛肉やオレンジの輸入の自由化交渉が一九八八年に最終合意され、その翌年には日米双方の貿易インバランス（不均衡）をいかにして縮めるかを総合的に協議する場が常設されました。ちなみに、これが現在のＴＰＰ（環太平洋戦略的経済連携協定）における関税交渉にまでつながっているのです。

一九八五年、財政と貿易収支の双子の赤字に悩まされた米国の要請により、ニューヨークのプラザホテルに当時のG5、すなわち日本、米国、英国、仏国、西独が集まりプラザ合意と呼ばれる為替の修正案が締結されました。筆者は当時、米国に駐在していましたので、米国の多くの企業が競争力を失って苦境に立ち企業城下町が荒《すさ》んでいく様子を目の当たりにしました。今になって、自分も歴史の渦中にいたのだと感じています。会議の前後で円はドルに対して一気に約二〇円も上昇し、わが国の輸出競争力が低下しました。そこで、わが国ではそれを補うべく内需を拡大するために、公定歩合を大幅に切り下げて景気を刺激する金融政策が採られました。その結果、一九八〇年代の後半から一九九〇年代の初めまで土地を担保にした融資が積極的に行われて地価が急上昇し、庶民の手が届かないレベルに達しました。株式市場も異常な活況を呈し、一九八九年の暮れには日経平均が一時四万円近くに迫るところまで上昇しました。また、不動産会社や事業会社は海外の不動産や絵画を買い漁りました。三菱地所がロックフェラーセンターを購入しましたが、これは米国ニューヨークのシンボル的な建物であり大きな話題となりました。ゴルフ倶楽部の会員権も今から考えればあり得ない価格で取引されました。

バブル経済はわが国経済の安定成長期の終焉を告げるあだ花となりました。資産バブルはだれもが異常だと感じていたはずです。しかし、人々は渦中にはまり、周りの熱気に押されて正常な理性を失ってしまいました。大いに反省し、歴史の教訓にしたいと思います。

四．バブル経済の崩壊とその後

政府、日銀はこのような過熱を冷やすべく、公定歩合を一九八九年から翌年にかけて急ピッチで引き上げました。また、不動産への貸し付けの総額を一定量に抑えるよう各銀行を規制した結果、株式や不動産などの資産価格が急落し、わが国の景気はその後失われた二〇年とも呼ばれる長い低迷期に入りました。ちなみに、現在、中国でも不動産価格が極めて高い水準にあり、中国政府はわが国の歴史を参考にしながら手綱の引き締め具合をいろいろと工夫しているところです。

企業は三つの過剰に苦しみました。過剰投資、過剰雇用、および過剰負債です。その解決のために各企業は極力投資を抑え、不採算事業をリストラし、そして借入れの返済を急ぎました。企業の倒産が続出し、筆者も経営を預かる立場として顧客の倒産とそれに伴う不良債権の発生の報告に何度も冷や汗をかきました。このような状態は、二〇〇〇年ごろには大方収束しましたが、その記憶は長く引き継がれており、現在においても各企業の事業活動に対する一定の心理的制約と経営の規律につながっているように思います。

この間、政府は公共投資をカンフル剤として投与し続け、結果として大量の債務を抱えることとなりました。二〇一三年時点で政府債務はＧＤＰの二倍を超しています。ＥＵで同様の債務問題を抱えているギリシャやイタリアといった国と違って、わが国の場合は政府債務のほとんどを自国民から調達しているので問題がないという説もありますが、これからの数字がどうなるのかが懸念されるところです。

国民生活も雇用の悪化と賃金の低下の結果、消費が低迷し景気が一層悪くなるという、いわゆるデフレスパイラルに陥りました。その間、一九九七年のアジア通貨危機でわが国からの融資の焦げ付きが多発し、翌年にまたがる金融危機の引き金の一つになりました。二〇〇〇年には米国発でＩＴ（情報技術）バブルが始まりましたが、翌年には崩壊しました。その後二〇〇〇年代の前半には、小泉純一郎首相が不良債権処理を進めるとともに、「国から地方へ」「官から民へ」を改革のスローガンとして一定の効果をあげました（いざなみ景気）。しかし、二〇〇八年にリーマンショックが起こり再び暗転しました。米国の証券会社リーマン・ブラザーズが史上最高の六四兆円という赤字を抱えて倒産したのです。巧妙な金融工学で作られた大量の住宅ローン証券が住宅価格の急落によって価値が暴落し、それを所有していた多くの欧米の金融機関が大きな不良債権を抱えることとなりました。その結果、欧米の通貨であるユーロとドルの信用度が低下し、相対的に日本の円が高く買われることになり、二〇一一年末には史上最高の一ドル七五円台を付けました。つまり、米国やＥＵは大きな金融ショックを受けましたが、わが国も超円高によって輸出競争力を急速に失い、産業界は大きなダメージを被ったのです。

二〇一二年の暮れに首相に就いた安倍晋三氏は、長期に続くデフレからの脱却を最優先課題と捉えて三本の矢、すなわち積極的な金融政策、機動的な財政政策、および成長戦略を推進しています。一部、その効果が出て二〇一三年後半には為替レートが一ドル一〇〇円台に戻り、景気に明るさが見え始めました。しかし、急激な貨幣の膨張による弊害を抑え、財政の規律を踏み外すことなく、しかも様々な岩盤と称される規制を打破して、経済を持続的な成長軌道に乗せられるかどうか、これからが正念場です。

わが国においては様々な人的、物的、および環境的資源の制約が明らかになっています。二〇一一年三月に発生した未曽有の東日本大震災による福島第一原子力発電所の重大事故と、その後の全原発の停止がこれに決定的な拍車をかけました。これまでのようなフロー（流れる量）による成長至上主義ではなく、ストック（蓄積されている量）を生かした持続可能な新しい国の姿を分かりやすく描き、世界の中におけるわが国の立ち位置を明確に示していくことが課題です。

戦後経済の流れを大雑把にお話ししてきました。これが現在皆さんが立っている〝今〟につながるのです。

団塊の世代が次々とリタイアしていく中、バトンをどのように後進に引き継いでいくのか、筆者らの世代に課せられた責務の大きさを感じます。同時に、若い皆さんがそれを受け継ぎ、新たな知恵を付け加え、逞しい行動力を発揮して、積み残された課題を克服し明るい未来を展望してくれることを大いに期待したいと思います。

第二講

企業経営の変遷

前講で日本経済の流れを見てきましたが、本講ではその中でわが国の企業経営の仕組みと中身がどのように変化してきたのかを学習したいと思います。

企業経営を目的と目標を共有する仲間（カンパニー）が集う「会社」、ステークホルダー（利害関係者）との約束に基づいた社会的存在としての「企業」または責任主体である「法人」、およびそこで行われる「事業」活動の三つの側面から考えていきます。

一．会社と社員

わが国において、会社と社員の関係を特徴づける言葉として、いわゆる人事制度の「三種の神器」、すなわち「終身雇用」「年功序列」および「企業内組合」がありました。敢えて過去形で書きましたが現在でもその傾向は色濃く残っています。一九五八年、米国の経営学者のジェイムズ・アベグレンが著書『日本の経営』で唱えたものです。

終身雇用とは、社員が終身の雇用を保証されるということではありません。アベグレンが実際に使った英語表現はライフタイム・コミットメントです。コミットメントとは約束とか誓約といった意味であり、会社と社員間の制度というよりは暗黙の意思といった方がよいでしょう。社員はライフタイム（人生）をかけて会社への貢献をコミット（約束）する一方、会社はそれに応じて社員の満足を長期的に追求していくという姿勢を日本的経営の特質の一つとして挙げたものと解釈できます。

終身雇用は経済が成長し人手不足が続いている間はうまく機能し、人材の教育・訓練とよきチームワーク作りに寄与してきました。しかし、前講で述べたようにバブル経済の崩壊後、企業は過剰雇用に苦しみ、様々な形で雇用の縮小を余儀なくされ、結果として終身雇用は維持できないこととなりました。加えて、近年はわが国においても非正規社員が増加して労働の流動化が進み、終身雇用制度は幻想と化しつつあります。

年功序列は年齢による経験を高く評価する仕組みです。高度成長期のように、人口の年齢構成が底辺の若い人から頂点のベテランまでピラミッド形になっている時代にはこれがうまく機能しました。年功序列は経験を積めば能力が上がるという一般的な経験則に合致していますし、社員は長く勤めていれば将来的に地位も給料も上がっていくという夢と永年勤続に対する高いモチベーションを持てました。

ところが、近年、年齢構成はひょうたん型に変わっています。また、職種によってはベテランよりも若い人の方が斬新な発想によって企業に貢献するケースが増えています。長く勤めているからといって必ずしも成果を上げられるとは限らなくなってきたのです。女性の下に男性の部下がつく、年下の社員がベテラン社員を指揮するといった光景が普通に見られるようになりました。結果として、年功序列の仕組みは崩壊しつつあります。一九七〇年代半ば以降の安定成長期には社員が顕在的および潜在的に持っている能力を評価する能力主義が採用されました。一九九〇年代初頭、バブル景気が崩壊して以降はもっぱら成果そのもので評価する成果主義がもてはやされました。近年はその行き過ぎの反省に立って両者を組み合わせた形の能力・成果主義や職責・成果主義へと変遷しています。一方、グローバルに事業を展開している企業においては、多様な人材に等しく活躍の場を与えるために人事のグローバルな一元化を図ろうとする動きもあります。その場合は、当然のことながら年齢、性別、国籍といった属人的要素は全く考慮の外に置かれます。

企業内組合は企業別にそれぞれの組合を作るものです。わが国では当たり前のように考えられていますが、欧米では少し事情が異なります。職種別に国・地域で横断的な組合が結成されています。例えば、全米トラック運転手のユニオン（組合）であるチームスターとか、筆者が関係していた昇降機のユニオンなどがあります。このような横断的な組合は自らマニュアルなどを用意して組合員の技能研修を行いますので、各企業は企業内研修にそれほどコストをかけることなく労働市場から即戦力を採用することができます。反面、当然のことながら会社への帰属意識は希薄で忠誠心は劣ります。また、職種別ゆえの非効率もあります。例えば、エレベータの据付けにはエレベータユニオンの他に、電気ユニオンや金属ユニオンが関係します。そして、それぞれが自らの職域を排他的に守ろうとしますので、工場でのプリアセンブル（部分組立て）などに様々な制約が加えられ、全体の効率追求が阻害されました。また、ひとたび一つのユニオンがストライキを起こすと、関係する仕事が全企業で同時に止まりますので、全国、全地域に影響が及び、経済活動が広範囲で麻痺します。

わが国の企業内組合はそれぞれの企業内での教育・研修が必要になりますが、職種間の壁は低く会社の総合的な効率を追求する上で優れています。職種間のローテーションが容易であり、それによるキャリア開発ができます。また、社員と会社は正に運命共同体であり、社員の会社に対する忠誠心と愛社心が高まります。現在も本制度が崩れない所以《ゆえん》です。賃上げや賞与の交渉では同業同士がより大きな組織、例えば電機労連や自動車労連といった形で情報を交換し連携します。しかし、現実的にはこのような組合同士の共助意識と同等以上に、「うちの会社」が大切との意識が強いのです。

このように、わが国においては人事の仕組みとしての「三種の神器」はある意味で合理性を持っていました。しかし、時代の流れの中で社会・経済の変化やグローバル化の進展に伴って変質してきました。正社員として会社の一員になれば一生安泰などと思うのは間違いです。一方、非正規社員は生活の安定性の観点から今なお厳しい状況に置かれていますが、能力と成果の発揮次第で正規社員になって活躍する機会も増えてきました。また、雇用の流動化と労働市場の充実に伴い、複数の企業で様々な経験をし能力を磨きつつ、より大きなチャンスとポジションをつかむことができるようになってきたのです。

二、企業の責任と統治

企業の責任とは、端的に言えばステークホルダー（利害関係者）である株主、顧客、社会、国・自治体、金融機関、取引会社、社員などの利益を守り、様々な形で貢献することです。

その中で、時代的な特徴をあげれば、戦後期は解雇を巡る労使紛争が頻発する中、労働者（社員）の暮らしをいかにして守るかが、経営者にとっての最大の関心事でした。高度成長期に入ると、生産の効率化が大きな課題となり、グループ会社や取引会社との一体的な系列（ケイレツ）化が進められました。安定成長期に入ると、顧客志向が強く要請されるところとなり、顧客満足が企業の合言葉になりました。バブル経済とその崩壊後、海外からの資本流入が急ピッチで拡大し、株主の声が大きくなり始めると、その意向が配当や株価政策に強く反映されることになりました。近年はＣＳＲ（企業の社会的責任）が強く意識されるところとなり、国際標準化機構（ＩＳＯ）によって国際規格が策定されるようになりました。

このように時代とともに重心は移ろいましたが、企業にとっての最大の使命は様々なステークホルダーの利益を適正・適切に守ることであることには変わりありません。企業統治（ガバナンス、第十講）とは、そのための経営と監査の仕組み（体制）です。一方、時として、ステークホルダー間で利害が対立することがあります。例えば、株主が利益の還元を求める一方、社員は待遇改善を要求し、社会は地域住民への貢献を期待します。それらを適切に調整し、バランスをとることもガバナンスの大切な役割です。

わが国においては、これまで国・行政が企業のガバナンスに対して一定の影響を与えてきました。前講で述べたように、戦後の復興期には国（政府）が傾斜生産方式によって資源を重点配分し、基礎産業の振興を図りました。また、その後の成長期には、いわゆる行政指導によって、競合する企業同士の過当競争をなくし、業界を集団として保護しました（護送船団方式）。業界および企業の安定的、かつ適正な成長を期待したものであり、いわば行政による助成的・調整的なガバナンスが働いたといえるでしょう。しかし、近年、行政による過度な介入は経営の自由度と活力を奪うとともに、外国企業や新規企業による参入の障壁になっているとして、否定的に見られるケースが多くなってきました。

わが国企業のガバナンスに関する、もう一つの特徴は株式の持ち合い制度です。持ち合いとは株式を市場に公開している複数の企業同士が互いに相手方の企業の株式を保有し合って安定株主となることであり、一九四〇年代後半～一九五〇年代にかけて形成されてきました。財閥解体で大量に分散した株式が敵対的に買い占められることから企業を防衛することを目的として行われたのです。また、一九六〇年代後半～一九七〇年代にかけては資本のグローバル化が進み、外資からの買収に対する危機感から一層の持ち合いが進みました。

主要な持ち合いの担い手は銀行です。銀行は事業会社に対して貸付を行うとともに、場合によってその会社の株式を保有します。その中で一番多く貸付をし出資している銀行を当会社のメインバンクといいます。企業の経営者はメインバンクの理解を得るために説明責任を果たし、大株主としての銀行の意見を求める一方、メインバンクは必要に応じてアドバイスを与え、マネジメント人材を供給しました。このようにして、メインバンクは戦後のわが国企業の成長志向を支えるとともに、企業経営者に対して一定のガバナンス上の役割を果たしてきました。

しかし、一九八〇年代後半以降のバブル経済期には、このような仕組みがモラルハザード（責任感の欠如）を誘発し、過剰融資と投資を助長して、バブルの膨張とその崩壊に一役買うこととなりました。このような反省を追いかけるように、グローバル化の進展に伴い一九九〇年代半ばから企業会計のビッグバン（大変革）が始まり、資産の評価が取得原価主義から時価主義に変わりました。持ち合い株が時価評価されると、その動向によって企業業績が左右されます。さらに持ち合いの相手方が倒産すると、貸付金が回収できないばかりか、株式もタダの紙切れになります。このようなリスクを避けるために、銀行などの金融機関や事業会社は持ち合い株を可能な限り減らすようになりました。一九九〇年代の終わりから二〇〇〇年代の初めまでは金融機関の不良債権処理に伴って、この動きが加速しました。当時、筆者もこの流れの中で、株式を持ち合っていた銀行や事業会社から持ち合いの解消（溶け合い）の申請を何度か受けました。結果として、安定株主とその所有株式数が減少し、敵対的な企業買収のリスクは高まりましたが、資金効率は良くなり株式市場における流動性（取引のしやすさ）も高まりました。

このようにして、各企業においては金融機関に代わって個人株主や外国人が株主としてシェアを高めることになり、株主総会で経営に対する様々な注文が出されるようになりました。ところが、個人株主や外国人は当該企業の情報をそれほど多く持っていませんし、経営に対して意見を述べる機会もそれほど多くはありません。そこでファンドマネージャ（プロの投資家）がアクティビスト（物言う株主）として期待されるところとなり、二〇〇〇年代の半ばになるとその活躍がしばしば報じられました。しかし、このようなファンドの一部がインサイダー（内部）情報を利用して不当な利益を得たり（第十講）、不正なＴＯＢ（株式公開買付け）をしたりして摘発され、資本市場によるガバナンスの流れに水を差したのは少々残念なことでした。

今後は、資本市場の一層の制度整備が図られるとともに、ガバナンスに対する生損保など機関投資家による物言う株主としての積極的な関与が期待されます。また、企業自身の経営と監査の仕組みの一層の強化が求められているところです。経営者自らの倫理観の確立、社外取締役設置の義務付けなどによる実効的な経営責任の仕組み作りとモニターの強化が迫られています。

若い皆さんにとって経営責任やガバナンスに直接的に関与する機会は多くないと思います。企業においては組織の上位者がより大きな権限を持ちますので、上位者から下位者に対する指示・命令はよく浸透しますが、下位者から上位者へのチェック機能は必ずしも有効に働かないのが現実です。しかし、ガバナンスは本来、全社的な各階層の参画によって構築し、全社員がそれぞれの役割を理解し、関与することによって初めて有効に機能します。皆さんもステークホルダーに対する責任と貢献のあり方を常に意識しながら仕事にあたるようにしてください。

三．事業活動

戦後から一九五〇年代までのわが国の製品（メイドインジャパン）はすぐに壊れたので大変に低い評価を受けていました。「安かろう悪かろう」という粗悪品の代名詞でした。それでも当時、国内では物資が不足していたので苦労なく売れました。そのような中、わが国の大企業は汚名を返上すべく、日本科学技術連盟らの支援の下でよい製品を安定して作る努力をしました。その一環として、米国のデミング博士らの指導を受けて統計的な品質管理（ＳＱＣ）を導入しました。抜き取り検査などで品質を高めることによって前講で触れた電化製品の「三種の神器」の時代を演出したのです。

一九六〇年代の高度成長期に入ると、市場に多くの物資が出回り、企業間競争が激しくなりました。また、諸外国との貿易の自由競争が迫られるようになりました。そこで品質管理は製造現場のみならず、開発、設計、営業といった間接部門も参画した全社的な運動（ＴＱＣ）に格上げされました。経営の方向性がトップから末端に至るまで伝達・展開され（方針管理）、品質、コスト、納期（ＱＣＤ）が全社を挙げて追求されるようになりました。その推進の中核として自主的な小集団活動（ＱＣサークル）が次々と立ち上げられました。そこで得られた現場のアイデアや実践活動は「カイゼン」として取り上げられ褒賞されました。ＱＣＤ向上のための様々な課題の進捗がＰＤＣＡ（計画－実行－評価－改善）の過程に沿ってフォローされ、現場に掲示されて社員のモラール（士気）が一段と高められました。これらの成果が「新三種の神器」などに結実し、ＧＤＰを世界第二位に押し上げる原動力となったのです。このようにして培われた現場力が、わが国企業の事業活動における大きな特徴の一つといえるでしょう。

このような中、「カンバン」方式がトヨタ自動車で産声を上げました。前後の工程間を行き来する「カンバン（製造指示書兼納品書）」によって、ジャストインタイム（ＪＩＴ）化を図る仕組みです。必要なものを、必要なときに、必要なだけ作ることによって、現場のムダ、ムリ、ムラを徹底的に排除するものです（第十三講）。「カンバン」方式は、自工場のみならず、部品や加工品を供給する取引業者も巻き込んで行われ、現場力を最大限に活用する新しい生産管理手法として大きく開花し、今やわが国の多くの会社で活用されるようになっています。

一九七〇年代以降の大量生産、大量消費の時代になると公害問題がクローズアップされるようになりました。生産者ならびに顧客のためのＱＣＤの追求のみならず、企業の社会的責任（ＣＳＲ）の一つとして地域社会に迷惑をかけない製品の品質、すなわち社会的品質が考慮されるようになってきました。有害物質の廃棄や排水・排気をせず、かつ使用電力を少なくし、化石燃料の使用量を減らす努力、すなわち環境保全に適合した事業・製品戦略が求められるようになってきたのです。

そのような中、自動車メーカーは、二度にわたるオイルショックを契機にして、世界一の省エネ技術を獲得しました。とうとう一九八四年には、自動車の最大手である米国のＧＭ社がトヨタからもの作り技術を逆輸入すべく、トヨタとの合弁工場（ＮＵＭＭＩ）を米国の加州に開設しました。筆者は米国駐在時に、この提携を風刺した映画を見たことがあります。日本人の上司と米国人の部下の掛け合いが面白く描かれていました。米国人にとって不可思議な日本人から学ぶというのが大きな衝撃であったのでしょう。

このようにして、家電製品、工作機械、自動車、半導体などのメイドインジャパンが欧米市場でシェアを拡大するにつれ、特に米国は貿易のインバランス（不均衡）に苦しみ、わが国に対して輸出規制圧力を強めました。その結果、円高が急ピッチで進み、同時に新興国との賃金格差が大きくなるにつれて、これまでのように輸出で稼ぐというわが国の加工貿易のスタイルは通用し難くなりました。一九八五年のプラザ合意後はこの傾向が顕著となり、わが国でのもの作りは日本の工場で閉じた形で行うのではなく、海外で生産したりグローバルなサプライチェーン（供給連鎖）を活用したりするものに変わっていきました。例えば、日・中・韓の東アジア三カ国は政治的な関係は別にして、経済的な結びつきは大変強くなりました。また、台頭するアセアン諸国との関係も深くなりM＆Aによる進出が急速に拡大しています。

二〇〇〇年代以降は中国が米国に並ぶ大市場となり、市場の近くで生産するといういわゆる「地産地消」に拍車がかかりました。それに伴い、わが国の産業の空洞化が進み、もの作りにかかわる雇用が失われてきました。今後は、新興国のライバルよりいち早い新製品開発によって市場開拓し、その上でグローバルなサプライチェーンの効果的な活用によって市場展開していくことになります。わが国はそのための技術を世界に発信するマザー工場として、また人材育成と派遣の拠点としての役割を担っていくことになるのでしょう。

電子部品の集積度の向上とともに、家電製品などはディジタル化、モジュール化（第十二講）が進み、もの作りは極めてシンプルになりました。折角、新製品を開発・生産してもたちまちのうちに新興国あるいは他社にキャッチアップされ、コモディティ（普及品）化が進んで先行利益を得難くなりました。したがって、これからはプロセスのイノベーション（ハウツーメイク）で比較優位を築くだけではなく、プロダクトのイノベーション（ファットツーメイク）で競争優位を発揮していかねばなりません。新しいコンセプト（基本的な概念）作り力が試されるところです。

以上のとおり、グローバル化の進展に伴って事業のあり方が大きく変化してきました。コストと品質においては、国内企業との比較優位だけでは開発途上国との競争に勝てません。グローバルな協働による新しいステージに立ったコストと品質の追求が求められます。一方、製品・サービスのコンセプトにおいては、これまでのような軽・薄・短などによる改善手法だけでは欧米との競争に後れを取ります。新しい機能や使い勝手などによるコンセプトでオンリーワンを主張できる知恵が必要とされているのです。

会社と社員の関係、企業または法人の統治体制、および事業活動の変遷と今後の方向性について述べてきました。これから就職しようとしている皆さんや仕事に就いて間もない皆さんは、現在のそれぞれの立ち位置を再確認してください。

わが国企業がグローバル競争の中で新しい存在感を示すために、日本的経営と称し称されてきたこれまでのスタイルからどのように変わっていくべきか、その中で、私たちはいかに振る舞うべきかについて考えていきましょう。

第三講

近年の経営環境と経営戦略

本講では経営環境としてのわが国およびわが国を取り巻く政治・経済・社会の現状を簡単に確認し、それにふさわしい経営戦略の方向性や有望な事業領域について考察します。大きな経営環境の変化として、少子高齢化、地球環境・資源問題、および経済のグローバル化が挙げられます。

一．少子高齢化

近年のわが国の最大の課題は少子高齢化です。少子高齢化とともに人口減少が進行しています。それが経営に与えるインパクトとして、社会的な活力の低下と労働人口の不足が懸念されます。一人の女性が生涯に産む子供の数（合計特殊出生率）は一九七五年以降、二・〇を下回る状況が続いています。

二〇一三年は一・四三人と少し前年より改善されたと発表されましたが、夫婦二人でこの数字ですから単純に言えば世代が替わると人口が〇・七二倍に縮小する理屈です。政府は二〇一四年度の「経済財政運営の指針」で五〇年後も人口一億人を維持することを目標に盛り込みましたが、今後は相当に大きな政治的、あるいは社会的な変革が必要になるでしょう。考え得る政策をいかに総動員したとしても、当面の傾向を一気に反転させるわけにはいかないのが現実であり、人材や労働人口が不足することは明らかです。

したがって、今後はこれまで労働力としての参加が少なかった高齢者、女性、および外国人がもっと活躍できる社会および企業のあり方、いわゆる人材のダイバーシティ（多様性）が求められるところです。米国はご承知のように留学生や研究者を世界中から集めて優れた研究成果を収めています。多様な人材力と価値観が優れた創造力を生み出しています。シンガポールではエレクトロニクスや医療・バイオなどの戦略分野において、高給や恵まれた研究環境を用意して海外から著名な研究者や優秀な人材を招へいしています。わが国においても国を挙げてそうした人材にもっとオープンな環境を作るべきでしょう。各企業においては人材の多様性を意図した戦略が求められます。多様な人材が活躍できる職場作り、地域限定やフレックスタイムなど多様な働き方の容認、ジェンダーギャップ（男女格差）の是正や教育・研修の充実が図られるでしょう。皆さんにはその中で堂々と活躍できるように人材力を磨いてほしいと思います。

わが国の六五歳以上の高齢化比率は世界最高となっています。それに伴ってますます安全・安心な社会が求められています。例えば防犯カメラが街中に多数設置され、情報機械化された警備の導入が進んでいます。また、認知症の高齢者を保護する社会的な仕組みが各自治体で検討されています。今後も、安全・安心にかかわるリスクに対して相応のコストを払う社会になっていくのでしょう。

健康・医療・介護・子育てが少子高齢化に応じたもう一つの成長分野です。健康ビジネスの一つとして、都市部の駅周辺を探せば簡単にフィットネスクラブを見つけることができます。様々なスポーツ用器具の広告がネット上に溢れています。健康にかかわる雑誌が本屋の書棚に何種類も置かれています。テレビでは少し眉唾もののダイエットに関する番組が幅を利かせ、サプリメントのコマーシャルが目立ちます。医療に関していえば、人間ドックなどの予防医学の普及が一段と進むことでしょう。ネットワーク化された電子カルテが当たり前になってきます。病歴から的確な診断を導いたり、処方薬の重複の無駄や相互作用をチェックしたりするのです。患者と適切な医師のマッチングをとったり看護師を紹介したりするビジネスも現れました。介護については介護サービスや老人ホームが急増中ですが、希望者が多くてなかなかサービスを受けられないのが実情です。体の不自由な高齢者の行動範囲は五〇〇mが限界とのことであり、コンビニや小型スーパーのネットワークが街中に張り巡らされてきます。また、顧客に足を運んでもらう待ち受け型の商売から、訪問販売、ネット販売や宅配など、販売者が足を運ぶ能動的なサービスが必要とされます。例えばコンビニは客先まで弁当や総菜を届けるサービスを拡大しています。子育てに関して、政府は保育園の充実と幼稚園との一体運営、ならびに規制緩和によって保育の強化を図っています。ビジネスとしての学童保育やベビーシッターの派遣など家事・育児支援サービスが重宝されることでしょう。

関連して、様々なロボットの開発・実用化が進んでいます。介護、癒《いや》し、家事サポートなど高齢者を支えるもの、危険作業や災害救助など安全・安心のためのものです。例えば、掃除用ロボットが重宝され、ペット用ロボットはすでに玩具のレベルを超えています。また、高層ビル建設用や原子炉の廃炉に向けたロボットの開発が急ピッチで進められています。

成熟社会においては人々の価値観が変わります。物に代わって、情報や知識の価値が相対的に大きくなってきました。ソーシャルネットワークサービス、例えばフェイスブック、ライン、ツイッターなどで人々は仲間同士で情報を共有しています。情報通信技術（ＩＣＴ）はいつでも、どこでもというように、その利便性を高めています（ユビキタス）。若者を中心に人々はスマートフォンなどによるモバイルネットによって買い物をするようになってきました。また、クラウドによって利用可能な情報量が一気に増えてきました。自然言語をそのまま理解するコンピュータも現れました。今後、システムの利便性の向上とコンテンツの充実が同時並行して進行することでしょう。また、ウィルス防止用のソフトや個人情報の保護のための仕組みに対するニーズがますます高まることでしょう。

人材のダイバーシティの進展に伴って、新しく厳しい競争が始まります。皆さんの中にこれまでの既成のレールに乗っかっておれば大丈夫との安易な気持ちがあるとすれば、それを捨ててください。一方、少子高齢化に伴って新しいビジネスモデル（経営の仕組み）が次々と開発されています。視野を広げて新しいチャンスを発見してください。ＩＣＴ社会の高度化がますます進みます。なお一層の情報リテラシー（情報活用能力）の強化に努めていきましょう。

二、地球環境・資源問題

世界の経済規模が拡大するにつれて、地球環境問題が深刻になっています。地球温暖化の原因となっている二酸化炭素は動物と植物の間でやりとりされています。すなわち、植物は空気あるいは水中の二酸化炭素を吸収して光合成によって酸素を放出する一方、動物はその酸素を取り入れた呼吸によって二酸化炭素を排出しています。このような自然の交換がバランスするように現在の生態系が作られてきたのです。

厄介なのは、産業革命以降、地中にある化石燃料を燃焼して発生させている余分な二酸化炭素です。この温室効果による地球気温上昇は、二〇世紀において〇・七四度とのことですが、その上昇速度は年々上がっています。これが地球環境を変えて気候変動を起こし、異常気象の大きな原因になっているのです。これまでも地球は氷期、間氷期を約一〇万年の周期で繰り返してきました。その間、五～

一〇度の気温変動がありましたので現在の温度変化にも耐久が可能との見方もありますが、その変化スピードが圧倒的に違うことに留意が必要です。

家庭における節電、産業における省エネおよび輸送機械の燃費効率の向上によって二酸化炭素の産出をできるだけ抑えなければなりません。そのための〝省エネ〟技術が企業の競争力の指標となります。例えば、自動車の燃費性能の向上や燃料電池車の開発競争が熱を帯びています。そして地域丸ごとの〝エコ〟を指向したスマートシティ（環境配慮型の街作り）の大プロジェクトが多くの国と地域で推進されています。資源、エネルギーを過剰に使用する成長指向から、それらをできるだけ温存する安定指向へと社会システムおよび産業構造を見直す時に来ているのです。

東日本大震災による福島第一原子力発電所の大災害によって、全国の原発の安全性に疑問符が付けられました。また、核廃棄物の最終処理の方法がいまだ確立せず、原発の再稼働が遅々として進まない状況下、エネルギーの制約問題がさらに大きくクローズアップされてきました。原子力および化石燃料に頼らない太陽光、地熱、風力などの再生可能エネルギー、いわゆる〝創エネ〟への参画企業が、電力買い取り制度や発送電の分離政策に後押しされて増加しています。

そのような中、新エネルギーの開発ビジネスがますます盛んになっています。わが国の国土面積は世界第六二位ですが、海洋域では世界第六位です。そこに新エネルギーとして、水素を多く含んだ天然ガス（メタンハイドレート）が埋蔵されている海域が次々と発見されてきました。掘削の安全性とコストが鋭意追求されています。また、米国などで、地中深い岩盤に埋蔵されている膨大なシェールガスの掘削が商業ベースに乗り、格安なエネルギーコストは米国の新たな競争力になってきました。そのようなプロジェクトなどへの主体的な事業参加と産出物の積極的な活用が、新たなわが国および企業の戦略課題になっています。ただし、天然ガスも所詮は化石燃料ですから資源の量は有限ですし、炭素成分が石炭や石油と比べると少ないとはいえ含まれていますので、地球温暖化の根本的な対策にはならないことには留意が必要です。

資源の枯渇という観点から経済活動が大きく制約される状況となってきます。化石燃料に限らず、秩序よく地中に眠っていた資源を掘り起こして空中にばらまきますと元の姿に戻すことはできないのです（エントロピー増大の法則）。レアメタル（希少金属）やレアアース（希土類）は、永久磁石やバッテリーに使われていますが、このような希少資源の価格が急上昇してきます。いかにしてこれらの使用量を少なくして製品を作るのかが今後の大きな国際競争力になります。「3R」、すなわちリデュース（使用量の節減）、リユース（再使用）、リサイクル（再生利用）が事業コンセプトの中に求められているのです。

皆さん、個人として家庭人として環境問題に対して従前以上に意識を高め、地球環境をどのようにして維持し、地球資源をいかにして長持ちさせていくかの工夫をしていきましょう。そして、それに直接的に、あるいは間接的に関係する新しいビジネスが次々と登場していることに注意して、それらに積極的に取り組んでいきましょう。

三、経済のグローバル化

一九九〇年代以降、アジア諸国およびＢＲＩＣＳ（ブラジル、露、印、中、南アフリカ）などの国々が目覚ましい経済発展を遂げ、世界経済の重心が欧米からこれらの国々にシフトしつつあります。とりわけ二〇〇八年の米国発のリーマンショックと、二〇一〇～二〇一二年まで続いた欧州の債務危機がこの流れを加速しました。一攫千金を狙った英米の行き過ぎた資本主義はカジノ資本主義と皮肉られました。その後、欧米ともに安定を取り戻しつつありますが、かつての世界市場における存在感は薄れつつあります。代わって、アジア新興国の中間層向けの市場が大きくクローズアップされてきました。その中で、二〇〇九年には中国がわが国からの最大の輸出相手国になりました。また、二〇一〇年には世界に占めるアジアの人口比率は約六〇％となり、わが国の輸出相手国として中国、米国に続き三位から七位までをアジアの国々が占めるようになりました。さらに将来を展望すれば、今世紀末にかけてアフリカの人口が急速に増加すると見込まれており、次なるエマージング（新興）市場としてその重みを増すことでしょう。

各企業においては欧米向けのハイエンド（最上級）製品からアジア新興国などのボリュームゾーン

（中間所得層）向けの普及価格帯製品にマーケティングの照準を変えつつあります。エリア（地域密着型）マーケティングによって、地域生活者の独特の意識や習慣を把握し、品揃えや販売促進に反映させるきめ細かな対応が大切になってきました。例えば、ソニーはインド市場向けのTVを鮮やかな色を強調したインド画質にしてシェアを回復しているとのことです。ユニクロはバングラデシュで現地の女性の伝統衣装を売り出しました。これをテコに将来アフリカ市場向けの商品開発が可能との判断です。

一方、上記の欧米の金融および債務危機後、ドルやユーロが通貨安となり、相対的に円の価格が独歩高となりました。各企業はアジア各国に積極的に投資し生産拠点を構築しています。第二講で述べたように、「地産地消」を展開するとともに、そこから逆輸入するグローバルなサプライチェーンを積極的に築いているのです。ローカルに事業を行ってきた中小の企業もこのようなグローバル化と無縁ではありません。大きなサプライチェーンの中での自らの立ち位置をしっかりと確認した上で、新たな経営戦略を考えなければならなくなっています。

製品・サービスおよびビジネスモデルで差異化（または差別化）を図るためには、開発のあり方をこれまでのキャッチアップ型からフロントランナー型に進化させていかねばなりません。一つの企業や組織で閉じた形のイノベーションに限界があるとすれば、広く業界内外、さらには国内外の企業や研究機関との開かれた「知」の協働（オープン・イノベーション）が有効です。例えば、わが国の品質力に、米国のＩＣＴ力、欧州のデザイン力、中国とアセアンのハードウェアの生産力、インドのソフトウェア開発力などとの連携を図るといった発想が求められるのではないでしょうか。例えば、ＩＣＴを牽引しているグーグルは大手自動車メーカー数社と共同して車の自動運転技術の確立を目指しています。

もう一つのスタイルとしてリバース・イノベーションが有力です。途上国で生んだイノベーションを自国に逆流させるものであり、時に大きな破壊力を生み出します。例えば、米国のＧＥ社は高価な超音波診断機器を発想の転換によって価格を一〇分の一にまで落としたポータブルなものを中国で開発しました。中国の農村部向けに販売し、その上で機能に若干の手を加えて米国に再投入して成功しました。また、化粧品の資生堂はアジア向けの低価格品を日本でも別ブランドで販売するとのことです。

オープン・イノベーションやリバース・イノベーションはヒト、ワザ、チエのグローバルな連携によります。そのためにこそ高いレベルのグローバル人材によるダイバーシティが求められます。各企業はグローバルに展開したグループ企業の人事制度をフリー、フェア、オープンを原則として共通化したり、それぞれのトップに地元出身者を積極的に起用したりしています。例えば、三菱重工とパナソニックは海外のグループ企業の幹部候補生となる外国人を大量に中途採用するとの方針を打ち出しました。小松製作所は中国にある十数社の子会社トップを全て中国人で固めるとのことです。一方、プロ野球やサッカーの世界ではすでにお馴染みですが、日産自動車、武田薬品工業のように外国人を企業トップに迎える会社も見られるようになりました。これまでと百八十度異なる価値観、ビジネス観が既存企業の経験知と相まって、グローバル化の大きな流れの中で新しい力を発揮することが期待されます。

その一環として、今や国際的な共通語となりつつある英語力の向上に企業を挙げて取り組むケースが増えてきました。日産自動車、ファーストリテイリング、楽天がグループ企業の公用語を英語化しました。また、小松製作所は新入社員教育に中国語を取り入れています。

ビジネスのグローバルな展開に応じて新しい人材力が求められています。人事のあり方も変わっていくでしょう。皆さんもそれぞれの立場でこのような経済・社会・国際情勢に適応すべく自らを磨いてください。

現在、これまでとは全く次元の異なる大きな変化が以前とは桁違いのスピードで起こっています。成熟社会に特有の様々な課題が私たちに突きつけられています。少子高齢化が猛烈な勢いで進み、地球環境は急ピッチで非可逆的に劣化し、グローバル化が急速に進展しています。私たちにとって考えるべき課題、変えるべきことが急増してきました。

一方、それに応じて新しい可能性もたくさん見えてきました。皆さんにおいては、正に「ピンチはチャンスなり」を現実のものとすべく、心の準備をし果敢に挑戦してください。

第Ⅱ編 仕事の基本的な作法

本編では仕事における基本的な作法について述べます。就職活動に際しては、無手勝流で「当たって砕けろ」では成功は望めません。事前に企業においてどのような人材が期待されているのかをよく理解しておかねばなりません。その上で、自己研鑽を積むとともに、自らが持っているもの、あるいは求めているものとの相性を確かめてあたるべきでしょう。

すでに仕事に就いている皆さんは、時には仕事上あるいは人間関係で戸惑ったり悩んだりすることがあるでしょう。その解決の糸口は、案外に、仕事の基本的な作法の中にあるのではないでしょうか。基本的な作法を繰り返し実践し習得することによって、初めて自分なりの個性ある仕事の流儀が確立できるのです。

第四講

会社と仕事

本講では、会社の目的と目標についてその基本を整理するとともに、そこで社員に求められる基本的な姿勢について考えてみます。

仕事は何のためにするのでしょうか。仕事とは生きるため、お金を稼ぐための手段であることに異論はありませんが、それだけではありません。私たちは仕事を通じて知力、体力および気力・胆力を磨き、人間関係を上手に作り、そして家族や社会の人々に様々な形で役立つことを望んでいます。

会社とは皆さんにそのような場を提供して、共に付加価値を作りだしていく器です。会社のことを英語でカンパニーといいますが、その語源は仲間です。仲間が集まり力を合わせる場が会社です。

一．仕事の目的と目標

皆さんは、これからの人生にどのような目的（ミッション）と目標（ゴール）をもって臨もうとしているでしょうか。例えば、宇宙飛行士は宇宙の誕生や未知の物質を探るというミッションのために、厳しい訓練を受け様々な準備をした上で、宇宙ステーションへのドッキングという最初のゴールを目指して飛行します。

それでは会社の目的と目標とはどういうものでしょうか。目的は業種、業態、社歴や経営者によって様々な形で表現されますが、その共通項は将来にわたって永続すべき存在（ゴーイングコンサーン）として社会的に認められることです。そのために、インプット（入力）された小さな価値を加工、変換して大きな価値（製品・サービス）をアウトプット（出力）したり、様々な発明・発見によって新しい価値を創出したりします。それによって競争力を高め、目標である売上げや利益の達成を目指します。そして、それを会社のステークホルダー（利害関係者）である株主、顧客、社会、国・自治体、金融機関、取引会社、社員などに様々な形で還元していくのです。

まず、会社は株主から預かった資本を活用して利益を生み、お返しに資本に対して必要十分な配当の支払いによって報います。また、企業力と企業価値を高めて株式の価値（株価）を上げ、株主の資産形成に資する努力をします。特に株式を市場に上場している会社の経営者にとっては株価の変動は大変気にかかります。顧客には製品・サービスに込めた競争力のある価値を提供することによって顧客から評価をいただかねばなりません。それが売上げと収益の源泉となります。社会的にはよい製品・サービスを提供して市民の生活を潤し、社会インフラを充実して社会を高度化していきます。また、地球環境を守り、地域の雇用機会を増やし、様々な社会貢献を行っていくことも会社の務めです。サプライヤ（製品・部品の供給者）からは物品や労務の提供を受け、その見返りとして売上げによって得た収入から適切な代金を支払います。一般的に会社は自分たちだけで製品を作りサービスできるわけではありません。多くのサプライヤと共存共栄し、地域の産業の広がりに貢献していくのです。国や自治体からは様々な形の社会サービスを受けていることに感謝して、利益を生み必要十分な税金を納めることによって貢献したいものです。現実には法人税を払っている企業は約三割に留まっており問題なしとはしません。また、金融機関からは資金や様々な情報サービスを受け、事業活動に大きく活かして利益を生み、それを原資として元利を返済します。社員にはやり甲斐をもって仕事をしていただくとともに、業績向上と能力向上によって、雇用の場を守り豊かさを享受していただかねばなりません。業績不振による人員整理などには厳しい条件が課されているところです。そして、経営者はこのようなステークホルダーの満足を得た上で、経営の成果に応じて自らの報酬を得ることができるのです。こう考えると、会社の目的と目標は全て当たり前のことばかりですが、少なくとも「当たり前のことを当たり前に行う」ことが会社にとって最も大切なのです。

当然のことですが、会社の目的を実現するためには、目標としての売上げや利益が必要不可欠です。いかに高邁な理想を掲げたところで、それを裏付ける収益構造がなければ何も始まりません。「健全な精神は健全な肉体に宿る」のです。しかし、それ自身が会社の目的というわけではありません。そこを取り違え、ステークホルダーをないがしろにして売上げや利益目標の達成だけに走ると落とし穴にはまります。繰り返しになりますが、会社は永続すべき存在としてステークホルダーから認められなければならないのです。

さて、会社ではこのような目的と目標を、理念や綱領、フィロソフィやスローガン、またはトップの方針や会社の指針などの形で表現し公開します。目的と目標は様々なステークホルダーに対する約束であり責務でもあるので、ステークホルダーの理解を得ることによって初めて意味を持ちます。形だけの美辞麗句や大言壮語となって現実と遊離してはいけませんが、反対に志向する目線が低すぎてステークホルダーの共感と支持を得られないものでは意味がありません。皆さんは何らかの形で会社などの組織と関係を持ちます。これから会社や職業を選択しようとする皆さんは後悔することのないよう、そこで掲げられている会社の目的や姿勢が自らの価値観とどのように合致しているのか、あるいは異なっているのかをしっかりと確認してください。会社が設定している目標が自分の目線と一致しているか、あるいは違っているかをチェックしてください。また、ひとたび働くこととなれば、自分自身のことだけに心を奪われることなく、所属する会社や組織の目的と目標を確認の上、自らの仕事や成果がどのようにそれに寄与しているのか、あるいは今後どのようにそれに貢献していけるのかを確かめなければなりません。

私たちは仕事によって収入を得ますが、仕事を生活のため、あるいは遊興資金を得るための単なる手段と考えますと魂が入りません。一方、仕事そのものを最終目的と考えますと人生に潤いがなく面白味がありません。私たちは仕事を通じて自らを成長させ幸せを追求していくこと、生み出した製品・サービスによって顧客と社会に満足と感動を与えていくこと、そして仕事の成果によって会社とステークホルダーに貢献していくことを自らの仕事の目的と目標にしたいと思います。

二、仕事に対する心構え

仕事への取り組み方、つまり働き方について考えてみましょう。社会人としてのスタートを切る皆さんは二〇歳前後でしょう。残りの人生はこれまでの人生のおよそ三～四倍は残っている勘定です。したがって、何もあくせくする必要はないと感じている方もいるのではと推察します。それはそのとおりです。しかし、世の中の変化は年々そのスピードを増しています。それに適切に対応していくためには、余りのんびりと構えているわけにはいきません。今の年齢でしかできないこと、あるいは今こそやっておきたいことがいろいろとあるはずです。流行語大賞にもなりましたが、「いつやるか？今でしょ！」なのです。

かつて、マラソンは前半までは目立たない中ほどにいて、ゴールに近付くにつれて次々と先行の選手を追い抜き、最後はトップでテープを切るのが格好が良いとされていました。しかし、近年のマラソンは持久力のみならずスピードと積極性を競います。スタート直後からトップグループに入っておき、そのまま最後まで駆け抜けないと勝てません。皆さんもこれから社会人レースをスタートするにあたっては、序盤から積極的、意欲的に飛び出して金メダルを狙っていただきたいと思います。

「キッザニア」という施設では子どもたちが消防士、寿司職人、ガソリンスタンドなどの〝お仕事〟を楽しそうにやっていますが、現実の仕事は必ずしも楽しいこと、おもしろいことばかりではありません。給料を受け取る立場なりの辛抱が必要な場合もあります。もちろん、辛抱といってもイジメとか、閉鎖社会の〝無理偏に拳骨〟を我慢しろというわけではありません。辛抱しなければ分からないこと、辛抱して初めて分かることもあるということです。組織に入り業務に携わるようになると、必然的に何らかの義務や責任を負います。会社人はよき製品・サービスの提供を通じて顧客や社会の希望と、ステークホルダーの期待に応え、そして自らの生活と家族を支えるという大きな責務がありま す。そのための辛抱を苦痛にしないためには、自分のあるべき姿を強く思い描き、それに向けて一歩一歩前進していく姿勢が大切でしょう。司馬遼太郎の小説『坂の上の雲』のあとがきに、「のぼっていく坂の上の青い天にもし一朶《いちだ》の白い雲が輝いているとすれば、それのみを見つめて坂を上っていくであろう」とあります。私たちもこのような明治人の気概から学ぶべきところがあるように思います。

戦前のベルリン・オリンピックの女子水泳で優勝した前畑秀子選手は、母親からの激励の言葉を胸に、全国民からの期待を背に、「死ぬ覚悟で、神様に祈りながら泳いだ」とのことです。もちろん筆者は直接的に聞いたわけではありませんが、実況中継でアナウンサーがわれを忘れて「マエハタ　ガンバレ」を連呼したという話は有名です。ところが、現代の選手は、「自分らしく、楽しく競技ができれば最高です」と胸を張って話します。スポーツの目的や選手の価値観が時代とともに変化してきたのでしょう。確かに、スポーツは科学的、医学的に進歩してきました。反面、競技において体力の限界を早々に意識し過ぎてしまう欠点が見られるようになったのではと老〝父〟心ながら危惧します。競技においてはゴールまで残り三〇％というところで、弱気の虫が「もう止めよう」と囁くそうです。その誘惑に負けないためには〝ド根性〟といった価値観をあながち古くさいと捨て去ることはできないのではないでしょうか。若い人には笑われるかもしれませんが、筆者には前畑選手の心境がよく分かります。

通常、仕事には期限があります。期限が過ぎれば効用が半減する場合や、極端な場合は成果がゼロ、あるいは顧客や上司の不信を買ってマイナスとなることさえあります。仕事における期限は必ずしも与えられるものではありませんが、その仕事の性格や目的からして推測できますし、自らいつまでにやろうと決めた目標があるはずです。それは、やはり覚悟を持って守るべきものです。仕事の期限を守れない人は、しばしば机の上にたくさんの書類を雑然と積んでいます。工場では機械のそばに多くの仕掛品を積み上げています。手持ちの仕事量を言い訳の材料にしているわけではないのでしょうが、それでは仕事の質も製品・サービスの品質も劣化するばかりです。書類や物を溜めこまない、宿題や課題を後回しにしないことが大切です。スピードアップは結果的に仕事のアウトプット量を増やすだけではありません。短時間で集中して仕事をすることによってアウトプットの質も上げていくことになるでしょう。

仕事の上で、もう一つ大切なことは、仕事には常に数字がついて回るということです。これにはほとんど例外は見当たりません。したがって、常日頃から数値感覚を持っておかねばなりません。重要な数字は有効数字で二桁あれば十分ですので、必要に応じて頭の引き出しから取り出せるようにしておくのがよいでしょう。身の回りの数字、例えば売上げやコスト、仕事量や効率の現状はどうか、目標に対する達成度はどうかなどです。これを可能にするのは、実は算数の能力や記憶力ではありません。普段からの仕事に対する積極的な取り組み姿勢や問題意識によると思います。仕事や製品・サービスにかかわる数字を繰り返しチェックし、自分なりに工夫してグラフ化したり分析したりすることによって数値感覚を磨いていくことができるはずです。

仕事は楽しくなければなりません。しかし、簡単だから楽だからそうなるのではありません。仕事が楽しくなったり辛くなったりするのは仕事に対する取り組み姿勢によるのです。義務と責任を回避しようと試みるのは論外ですが、逆に盲目的に自己を犠牲にして組織に奉仕するのは気乗りがしません。義務と責任とはつまるところ期待され委任されていることですから、それに意気を感じて積極的、主体的に取り組んでいきましょう。そうすれば仕事が面白く楽しくなります。義務と責任をプレッシャーと感じて避けるのではなく、むしろ可能な範囲でそれに正対し能動的に創造的に応えていく方が皆さんにとっても気分が良いし、成果もより多く生み出せます。そのような姿勢で仕事の実績を積み、経験とキャリア（経歴）を重ねていけば、自ずと自らをより高いレベルに押し上げることができるでしょう。

仕事は単にお金や評価を得るための手段でも人生の最終目標でもありません。むしろ、仕事は自己実現のための意義あるプロセスであり、お金や評価はその成果として後からついてくると考えるべきでしょう。

三、仕事の進め方

仕事は一つひとつ順番に片付けられたら、気分が良くてストレスが溜まりません。優先順位を適切に付けて着実にこなしていきたいものです。仕事には時間を争うもの、一日単位あるいは月や年単位で行うものがあります。研究開発では数年の課題がありますし、基礎研究ではほとんど生涯をかけて行うものもあります。課題の性格をよく考えた上で仕事にあたるべきでしょう。それが自身の性格とうまくマッチすれば言うことはありません。また、当初はミスマッチと思えたものでもやってみれば案外にうまくいって、新しい自分の可能性を発見することがあります。しかし、その差が余りに大きいということであれば、上司や先輩に相談することも選択肢の一つです。

経験をある程度積んで認められるようになると、複数の仕事が同時に舞い込むようになります。しかも、それらの期待される期限が長短で入り混じっている場合、私たちは得てして短期のものにばかりに目が行って、いつの間にかより大きな中・長期の仕事や課題を忘却してしまいがちです。いかに忙しくとも、時にはじっくりと現状の課題を整理し、優先度を再確認し直さなければなりません。

仕事とは自らの担当や責任を日々滞りなく処理していくことだけではありません。むしろ、それはコンピュータやロボットが得意とするところであり、私たちは今日より明日と改善を重ね、今年より来年と大きな革新を実現していくことに仕事の意義を見出していくべきでしょう。改善（カイゼン活動）では「乾いた雑巾を絞る」という表現が使われます。品質向上やコストダウンなど、これでお終いというところはありません。正に「継続は力なり」で、日々の努力の積み重ねが大切ということです。一方、革新（イノベーション）は、「馬車を汽車に置き換える」と比喩されます。御者と馬の役割に代わって、新しい機械産業が興りました。創造的な破壊から技術と仕事の革新が始まります。思い切った発想の転換が求められるところであり、若い皆さんの出番です。

ところが、人には変えることや変わることは、できるだけ避けたい、または先延ばししたいという保身や保守の気持ちが働きがちです。改善や革新のためには、このような組織や個人の「心の壁」を打破することが肝要です。したがって、複数の人々が関係する場合には、企画・立案の段階で相当の工夫とパワーを要します。目標や期限をできるだけ明確に表現し、「〜する」という形で具体的に描写して実践する有言実行でなければなりません。次に、実行段階における阻害要因は優柔不断やタライ回しによる責任回避です。特に、大きな職場や組織でよく見受けられます。諦めが弱気の虫を生み出して事なかれとなっている場合もあります。特に、伝統のある組織や会社で見られがちです。人と人、あるいは組織間に　責任回避のための縄張り根性があるとすれば、その垣根を取り外しましょう。時の経過が事なかれ主義を生んでいるとすれば、その空気を入れ換えていきましょう。

改善と革新のためには、「なぜ」という問いかけを発することが大切です。「なぜ」には人に向かうものと、課題に向かうものの二種類があります。前者はなぜこんなバカなことをしたのかと責任者を追及するものであり、後者は仕事のやり方や製品・サービスの問題点を追求するものです。前者も組織の空気を引き締めるために時には必要なことがありますが、後者の方がこれからの仕事の改善や製品・サービスの革新に資するところが大きいのではないでしょうか。

さらに言えば、このような誤りの原因を質す「なぜ」の問いかけをする以前に、そもそもの存在理由を問う根源的な「なぜ」もぜひ発揮したいものです。そもそも、その仕事の価値はどこにあるのか、その仕事を止めるとどのような問題が生じるのかを問うのです。ジンギスカンの宰相であった耶律楚材は「一利を興すは一害を除くに如かず。一事を生かすは一事を省くに如かず」という有名な言葉を残しました。一つの良いことを始めるよりも、一つの悪いことを除くことの方が先決であり効果が上がるというのです。これまで、惰性的、習慣的にやっていたものを勇気をもって見直さねばなりません。付加価値を生まないものは直ちに止めて原点に戻す「ゼロベース（原点）思考」が大切です。

最後に、改善、革新を促進するためには、結果を見やすい形で関係者間で共有することが効果的です。それは結果責任を問うがためではありません。計画との差異があるとすればそれをいかにして是正するか、今後は何をいかにして改善し革新するか、そしていかにして最終目標を達成し目的を実現していくのかを明確にして、正しく意思決定し的確に行動するがためです。

仕事は優先度を考えながら着実に処理していきましょう。そして、人にしかできない改善や革新こそが自らに与えられた本来の仕事であるとの意識を持って日々の仕事に取り組んでいきましょう。

皆さんはアルバイトを少なからず経験して、何となく仕事のことは分かった積りでいることと思います。しかし、それは仕事（ワーク）に意義を見出し喜びを感じるというよりは、労働（レイバー）によってお金を稼ぐといった側面が強かったのではないでしょうか。そこには小さくない差があります。

仕事に就くことになれば、それなりの目的意識と目標に対する覚悟が必要です。

仕事および製品・サービスの効率と品質を意識しながら日々の仕事を行いつつ、これからの仕事および製品・サービスのあり方の改善・革新を積極的にリードしていける存在となるように努力してください。

第五講
組織と個人

本講では組織とそのメンバー（構成員）である個人のあり方、とりわけ悩ましい上司と部下の関係性について述べ、組織力をいかにして発揮していくのかについて考えてみます。

業種・業態によって組織には様々な形がありますが、それらに共通して言えることは、組織力を決定づける最も大きな要素はメンバー間のよき相互作用であり、組織としてのまとまりであるということです。

一．組織力

会社は役員一人、資本金一円でも設立できます。実際にわが国では社員数が一桁という会社が約八割を占めています。一方、数万人から数十万人の社員を擁する巨大企業グループもあります。その中で、優れた組織はどのようにして築かれるのでしょうか。

日本水泳連盟会長の鈴木大地氏がラジオの対談で、「あの時は、体の中にある六〇兆個の細胞が全部自分の味方をしてくれたと感じた」と話していました。「あの時」とは一九八八年のソウルオリンピックのことです。鈴木さんは得意のバサロ泳法によって背泳ぎ一〇〇mで金メダルの栄冠に輝きました。「味方をしてくれた」とは勝ちたいという意思に従って、全身の様々な筋肉とそれを構成するたくさんの細胞が互いに連携し整合性をもって働いてくれたような感覚がしたということでしょう。手の筋肉とその細胞、足の筋肉とその細胞がそれぞれ違った役割を果たしつつ、鈴木さんに前進する力を与えてくれました。オリンピックに備えた長い鍛錬の間、体中の全細胞は何度も新陳代謝を繰り返したはずですが、一つの目標に向けてバトンをしっかりとつないでくれたのです。

同様にして、会社においても組織の大きな目標に向けて、一人ひとりが様々な立場から互いに協力し合って仕事を行います。会社の目標は営業や技術など複数の組織の目標に反映され、組織の目標はその構成員一人ひとりの目標にブレークダウン（分解）されます。各レベルの目標は互いに親子関係（入れ子状態）でリンクし、整合的に設定され、共有され、そして実行されます。その結果としての成功または失敗体験と、反省および学習の積み上げによって真の組織力が形成されていくのです。

組織およびメンバーはそれぞれ固有の役割を担っています。例えば、市場や技術の状況を最も早く知るのはビジネスの前衛にいる営業担当や技術者であり、それらの影響を最もよく理解しなければならないのはビジネスの後衛にいる企画部門や管理者です。市場や技術の動向に関して知識は不十分ながら柔軟に対応できるのは若い皆さんであり、それらに関して必ずしも斬新に対応できないが十分な知恵を持っているのが経験豊かなベテランです。様々な部門および若手とベテランがそれぞれの役割をしっかりと果たしながら、かつそれぞれの得手とするところを互いに総和し相乗させ合っていかねばなりません。このようなよき相互作用こそが、すなわち組織力となるのです。

会社は年々歳々、メンバーが交代しその姿を変えていきます。ベテランが去り、若手がベテランとなり、フレッシュな顔ぶれが加わります。一方、市場と技術は時々刻々と変化しています。そのような中、世代間でうまくバトンをつないでいかねばなりません。そのためには、世代間で教え教えられ、学び合える仕組みが大切です。それによって組織力を継承するとともに、新たな組織力を作り出していけるのです。

組織力は各階層が持っている目標の互いの整合性、組織メンバーの責務と役割の適切な分担と相互作用、および世代間のうまいバトンリレーによって築かれていくのです。

二．組織と個人の関係

第四講の繰り返しになりますが、会社およびその組織には目的と目標があります。社員一人ひとりも仕事上あるいは個人としての目標を持っています。それらが親子関係で整合的につながり合っていることが組織と個人の関係をうまく機能させるための鍵です。一人ひとりの目標に向けた行動が組織の進むべき方向性と合致することによって、初めて組織の目標が達成されます。また、一人ひとりの個性が組織の将来進むべき方向性に対して創造的に発揮されることによって、初めて組織の中に新たな芽が生まれ組織として進化していくことができます。

囲碁では、「着眼大局、着手小局」がよいとされます。陣取り合戦の大きな構想や優劣の判断は全体（大局）を見渡して行い、今まさに黒石と白石がぶつかり合っているところ（小局）は部分的にしっかり読んで打ちなさいという意味です。仕事においてはまず大きな戦略があり、その下で具体的な戦術が決められ、そして日々の戦闘が展開されます。会社の戦略と、組織の戦術、そして一人ひとりの戦闘行動は別物ではありません。部分の戦術・戦闘を全体の戦略と整合的に行うことによって、初めて会社全体の大きな課題を解決し、目的と目標を実現していけるのです。

一人ひとりがチームや組織のあり方を忘れてバラバラに自己主張しますと、当然のことですがチームや組織の規律が乱れます。勝手な言動で顧客に迷惑をかけますと、チームや組織としての評価を落とします。一方、自分を殺して組織に盲目的に仕えるのでは仕事が面白いはずがありません。結果として、価値あるアウトプットを生み出せず組織に貢献できません。皆さんは先輩の引っ付き虫や組織の陽炎《かげろう》になるのではなく、組織は何を目指しているのかを確認し、その中で自らは何をどのようにしたいのかを明確にしてください。それに沿って行動することによって自己実現を図るとともに、個人としての成果を組織としての大きな成果につないでください。

短距離競走で長らく活躍した朝原宣治氏は、二〇〇八年の北京オリンピックの四〇〇ｍリレーでアンカーとして見事に銅メダルを獲得しました。ゴールの後、一呼吸を置いて順位が確定したとたん、持っていたバトンを空高く放り投げてメンバー全員で喜びを分かち合っていたのが印象的でした。リレーは、当然のことですが、四人が揃って高いレベルの走力を持たなければいけません。また、同氏によると単純な走力の足し算ではなく、それぞれのメンバーに要求される資質は違うのだそうです。一走は一番緊張しますので度胸がいり、二走は一走の負担を軽減するために少し長く走る力が要求されます。三走はコーナーを回る器用さ、そして四走はチーム全員からの厚い信頼が大切とのことです。このように、チーム力には個々のメンバーの資質が高く揃っていることによる勢いの部分と、それぞれが違っていることによる厚みの部分とがあります。リレーの極意は私たちの仕事にも通じます。一人ひとりがそれぞれの責任と役割をしっかりと果たすとともに、それぞれの得手とするところをチームの中に持ち寄って総和し相乗させていくことが大切です。

近年、企業においては異文化を知り異能を発揮する多様な人材を積極的に採用するようになりました。社員が海外において多様な経験を積む機会も増えました。このようなグローバルな人材はこれまでにない視点を組織に持ち込み、組織の活力を高めます。大きな環境変化に適応できる企業体質を作ることに寄与できます。組織と人材のグローバル化は組織にとっても個人にとってもそれなりの苦労はありますが、新たな可能性をもたらしてくれます。取り越し苦労かもしれませんが、近年、わが国からの海外留学者数が減少し、社会人においては海外勤務を忌避する内向き思考が増加しており、少し懸念されるところです。

組織と個人の協働はそれぞれの目標を整合させていくことによって可能となります。組織と個人がそれぞれどの方向を目指し、それに対してどのように互いに寄与し貢献していけるのかを考えることが大切なのです。

三．上司と部下の関係

社員は様々な悩みを持ちます。会社や組織の方針に対する疑問、仕事の適性や難易度など仕事上の憂い、上司による評価やパワハラなどです。いずれも、背景に組織における人間関係の問題が垣間見られます。部下からは「言っても聞いてくれない」「説明しても分かってくれない」というケースが多いのですが、それによって仕事の成果が出ないとか、心身の健康を害するといったことになってはいけません。

組織の人事において「二：六：二の法則」というのがあります。どのような組織でも優れた人が二割、普通の人が六割、劣った人が二割に分かれるという経験則です。仮に優秀な二割がいなくなっても残りがやはり二：六：二に分かれて、全体の能力が極端には落ちないというのです。プロ野球でも主力バッターや投手が辞めても二番手が後を継いで戦力が余り落ちないといった事例をよく目にします。反対に、組織の劣位の二割がいなくなっても、残りが再び二：六：二に分かれて、結局全体として余り良くならないといいます。ちょっと、皮肉な説ですが、成績不振の選手の尻尾切りだけでは良くならないということです。さらに注目すべきは、そのように戦力外通告（首切り）された選手が他のチームに移って、新しい監督の下でバリバリと活躍するケースがしばしばあることです。会社においても、一人ひとりのモチベーションや成績はパーソナリティ（人格）、コンピタンス（仕事上の能力）やスキル（技能）などの個人的な特性によって左右されますが、それだけではありません。チーム内で置かれたそれぞれの立場や、上司との関係の良し悪しで決まる部分が大きいのです。

人間は案外に弱いもので、自分自身の短所は見たくないという心理が働きます。それを自覚している上司にとって、「長い物には巻かれよ」という部下の存在や、「ゴマすり」の甘言は心地よいかもしれません。皆さんにとってはそれが見えているだけに「出る杭は打たれる」のが心配なところでしょう。しかし、それを恐れて卑屈になっては面白いはずがありませんし、人生を無駄に消化しているようなものです。それは組織にとっても不幸なことです。歌手の故・河島英五が歌っていた「野風増《のふうぞ》」とはヤンチャを意味する方言ですが、その中で「……男は生意気くらいがちょうどよい……」という歌詞がありました。男に限りません。若者は生意気ぐらいがちょうどよいのです。会社はよく船に例えられます。乗組員は運命を共にする同志です。お互い良かれと思って行動している限りにおいては、多少の意見の食い違いは許されます。皆さんの「出る杭」になる心意気が周りの人への配慮や思いやりを伴って発露され、上司がそれを正面からガッシリと受け止めてくれることを期待します。

社会人となり組織に入れば、まず部下として自己研鑽し責任ある仕事を任される人になり、自分の意見を正しく伝えるように努力してください。そして、経験を積みそれなりの立場に立つことになれば、部下を育て信頼して仕事を任せ、意見を汲み取る度量を持てるように自己研鑽してください。組織においては上司と部下がそれぞれ違った役割を期待されています。存分にそれぞれの能力を発揮し役割を果たして、共通の大きな目標に向かって足並みを揃えていくことが大切なのです。

学生の皆さんの中にはアルバイトをしている人が多いと思いますが、一時の小遣い稼ぎと適当に考えるのではなく、その経験を通じて上司と部下のあるべき人間関係を学ぶ努力をしてください。そのような実学は必ずや就職活動で生かされますし、その後の仕事の場における自信にもなると思います。

四．教育・訓練のあり方

社員が人材として成長していくことができるよう、会社においても学校と同じように教育訓練を重視します。仕事を離れた社内外のセミナーなどへの参加もありますが、それ以上に仕事を通じて成長を促すオンザジョブ・トレーニングが一般的です。先輩や上司が手取り足取りしながら、皆さんの技能や職能を高めるべく努力します。また、社内の様々な部署でいろいろな職種を経験させながら、皆さんの知識を増やし視野を広げ、能力を高めていけるように中長期的に取り組みます。

しかし、先輩や上司もそれぞれ責任を持って自身の仕事に従事していますので、教えることにかかり切りというわけにはいきません。学校と違って、私〝教わる人〟、あなた〝教える人〟という関係は企業では常態的には存在しないのです。したがって、教わろうとすれば受け身で待っているのではなく積極的に自分の方からアプローチしていかねばなりません。「教えてもらっていないから分かりません。できません」というのは会社では通用しません。「教わろうとしなかったから分からない。できない」ということになります。積極的かつ能動的に習う姿勢と、主体的かつ自立的に学ぶ態度が必要でしょう。上司の愛情に裏付けられた厳格な指導と、それに対する部下からの信頼に基づいた必死の学習が正面からぶつかり合い、火花を散らすところに成果が結実するのです。

ところが、現実はどうでしょうか。上司の教育に対する使命感の欠如、多忙を口実にした指導責任の放棄、そして自信のなさからくる遠慮がしばしば見受けられます。また、部下の方にも向上心の欠如、多忙を理由とした学習の権利の放棄、そして過信からくる頑なさがあるとすれば問題です。上司の遠慮と部下の頑なさが足を引っ張り合って、上司と部下が真剣に向き合うことが少なくなっているのではと心配です。上司が部下を本気で叱る、部下はその原因と対策を必死になって考えるといった場面がもっと多くてもよいのではないでしょうか。

大リーグではイチロー選手が「振り子打法」で日・米のプロ野球記録を次々と塗り変えました。最近はさすがに少し衰えが見られますが、走・攻・守の三拍子が揃った名選手として、今や不動の地位を確立しています。イチローはもちろん天賦の才に恵まれていたのでしょうが、幼いころからバッティング・センターに通い、その才能を開花させたと言われています。それを付きっ切りで指導したのが父親の「チチロー」でした。名付け親は駄洒落のうまいスポーツ紙です。一方、アテネと北京のオリンピックで惜しくも銅メダルになったレスリングの浜口京子選手も、幼い頃から元プロレスラーの父親「アニマル浜口」から大変厳しい鍛錬を受けたとのことです。頭に日の丸の鉢巻きを締めて「気合だ！気合だ！」と絶叫していたのを皆さんは覚えているでしょうか。レスリングを通じた父子の絆の強さに感動します。スポーツの父子鷹には私たちも大いに見習わねばなりません。「チチロー」や「アニマル浜口」が必死の思いで育てたイチローや浜口選手は、それに応えて見事にその才能を開花させました。

ビジネスにおいても同様です。上司は皆さんが将来素晴らしい社会人、企業人、国際人に育つことを夢見て忍耐強く指導を行い、皆さんはそれに応えて向上心を燃やしつつ研鑽する。お互いが、〝教える〟ことによって学び、そして〝教えられる〟ことによって学び合えれば最高でしょう。

皆さんは社会人として、あるいは近い将来の社会人として何らかの組織に参画され、一度や二度ならず、組織と個人の関係という普遍的な課題に直面することでしょう。

最初は部下として、そしていずれ上司として、どのように組織に関与していくのかが、これからの皆さんのビジネス人生を豊かにし、組織としてのビジネス成果を高める上での鍵になります。

第六講

人間力

私たちは仕事の実践、会社での訓練・研修あるいは自学・自習によって、社会人として、企業人として、そして国際人として人間力を鍛え成長していくことができます。

本講ではこのような人間力を、心の持ち方としてのウォームハート（温かい心）、頭の使い方としてのクールヘッド（涼やかな頭）、そして行動力の発揮におけるホットスピリット（熱き思い）の三つの視点から述べます。

ちなみに、経済学者のケインズの師であったアルフレッド・マーシャルは学生たちに「クールヘッド・バット・ウォームハート（冷静な頭と、温かい心）」という言葉を贈っています。

一．人間力とは

経営の状態を表す財務諸表に人材の良し悪しは記載されていませんが、人材こそが企業を支える最も重要な経営資源であり、経営指標であることは言うまでもありません。人材こそが付加価値を生む源泉であり、イノベーションを起こす力です。一方、経営資源としての人材のコスト（人件費）は膨大です。簡単な計算をしてみましょう。一人当たりの年間人件費を六～八〇〇万円とすると、およそ一億円の機械の年間コスト（減価償却費）に相当します。パソコンの一セットを一〇万円として五年間使うと、年間コストは二万円になります。したがって、一人当たりの人件費はパソコン三～四〇〇台分に相当します。このような機械やパソコンが活躍できる土俵でコストパフォーマンス（コスト効率）の競争をすれば人間が負けるのは自明です。したがって、私たちは人が得手とするところ、人にしかできないところで人間力を大いに発揮していかなければなりません。

「鶏口《けいこう》となるも牛後《ぎゅうご》となるなかれ」といいます。会社の規模の大小や職種の軽重にかかわらず、仕事に就くからには人間力を大いに鍛えて会社の宝である〝人財〟や稼げる〝人材〟になりたいと思います。それなりの仕事をするだけの〝人在〟では退屈しますし、経営の足を引っ張る〝人罪〟ともなればハタ迷惑です。ただし、組織内部の事柄にのみ注意を払い、社内でしか通用しない言葉で話す、いわゆる「会社人間」になろうというのではありません。顧客・社会に誠意を尽くし、貢献できる社会人、企業人、そして国際人になることを目指すべきでしょう。

学生から社会人となり、伴侶を得て家庭を築いていく過程で公的および私的に様々な人々と交流を持ち、いろいろな経験を積みます。それらを通じて社会人としての成長を目指していきましょう。企業では新しい価値を創造し、与えられた経営資源を価値ある製品・サービスに転換して顧客・社会に提供していきます。このような使命の遂行を通じて企業人としての能力を高めていきましょう。そして、グローバル化した世界において、世界の人々との交流の場が増えてきます。そのような経験を通じて国際人としての資質を養っていきましょう。

人間力の基本の第一は、組織の内外で人と人とがつながる力です。次講で述べますコミュニケーションのベースともなる心と心とを通わせる能力です。自らの心の動きを理解し冷静にコントロールできること、相手の心をしっかりと受け止め共感できることです。それが組織の中でよきチームワークを醸成し、顧客との信頼関係を築く基礎になります。思いと思い、意見と意見がかみ合えば、一人ではこれまで不可能と思えたような難問でも解決できます。一人ではこれまで思いもつかなかった新しい発想が期待できます。

人間力の第二は知識を活用して考察し、新たな知恵を生み出す能力です。会社には教科書がありません。もちろん、会社には仕事に関する様々なマニュアルはありますし、本屋や図書館に行けばビジネスに関する書籍はたくさん置いてあります。しかし、これだけを勉強すれば一〇〇点を取れるという代物はありません。会社における勉強とは、過去から続く定型的な知識や手法を習うというよりは、むしろどのようにしてより効率的に仕事を行うのか、日々変化する非定形な事柄に対していかに適応していくのかを考察する力を養うことです。学校の勉強では答えは必ず一つで、正解がなかったり二つ以上あったりすると大騒ぎです。しかし、会社における課題では必ずしも答えが一つとは限りません。答えが複数あったり、そもそも答えというものがなかったりする場合が多いのです。したがって、多面的な視点から柔軟に考えを巡らし、様々なケースを仮説・検証していく姿勢が大切です。答えを単に見つけ出すというのではなく、創造していく努力です。それこそがコンピュータではなし得ない人間力です。

人間力の第三は行動する力です。わが国はこれまで平等主義と集団主義を基本の原則としてきました。しかし、平穏無事な平等主義は競争原理による能力・成果主義に変わってきました。機会（チャンス）は皆さん全員に平等にやってくるはずですが、成果に結び付く幸運は自ら手をあげて行動する人にしか宿りません。また、個人よりも集団に重きを置く集団主義は、一人ひとりの自由と個性を大切にする個人主義的なものにその姿を変えつつあります。多様な個性や価値観が組織の中で溶けて同化してしまうのではなく、それぞれが独自の光を放ちながら相互作用し合って多彩な色を生み出すことが期待されています。会社や組織の中に入りさえすれば一安心ではなく、「いよいよこれからが自分の出番だ」との気概を持って行動してください。

よき社会人、企業人、そして国際人となるべく、人間力を大いに鍛えてください。心の持ち方、頭の使い方、そして行動力の発揮の仕方について研鑽していきましょう。今さらなどと思う必要はありません。そうであればなおのこと、周りの人々はその意欲と姿勢を評価することでしょう。

二、心の持ち方

心の持ち方としてのウォームハート（温かい心）が人間力の基本です。しかし、それだけでは組織人としてバランスを欠きますので、もう一方の要件として規律を求めたいと思います。中学校で習ったX－Y座標を思い出してください。他者に対する「温かい～冷たい」をX座標として、自身に対する規律の「厳しい～甘い」をY座標に置きますと、X、Y座標の両方ともにプラス側になることが期待されます。そのような人材はよきメンバーとして組織に貢献することができますし、将来的によき上司やリーダーとして組織をうまく運営することができます。徳川家康や西郷隆盛など、歴史上、名君と慕われた人々は大体においてこのタイプです。

温かさはあるが規律の緩んでいるのは、いわゆる気楽な人です。「釣りバカ日誌」の「ハマちゃん」や、「男はつらいよ」の「フーテンの寅さん」がこのタイプです。人に親しまれ組織の潤滑油にはなれますが、人からの信頼を得ることは難しく、企業人としての評価には自ずと限界が生じます。晩年の豊臣秀吉も若干この誹《そし》りを免れません。一方、規律は正しいが冷たい人は、いわゆる冷徹な人であり、例えばかつての軍隊組織におけるエリートがこのイメージです。織田信長のように有事において孤高の強力なリーダーとして力を発揮することができますが、平時において優れた組織能力を発揮するのは難しいと思われます。いずれも劣る人は反社会的な人であり、相当の人間改造がなければ、まともな組織人としては不適です。自分のことは棚に上げて他人や上司の悪口を言い募る、いわゆるモンスター社員や責任を部下に押し付けて平気な無責任上司はこれにあたるでしょう。

このように定義したウォームハートは、米国で提唱された概念である心の知能指数「EQ（エモーショナル・インテリジェンス・クオーシェント）」に通じるように思います。EQが高いとは向上心（自分自身の動機づけ）が強く、かつ気持ちをコントロールできること、その上で他者の感情を正しく受け止めて人間関係を上手く処理できることです。これらの能力は社会人として、あるいは企業人として成功するための必須の要素です。実際に仕事のアウトプットに対して、頭の知能指数IQと心の知能指数EQを比較するとIQよりもEQの方がより強く相関していたのです。米国のみならず、わが国においても多くの企業でEQテストが採用や教育・研修に利用されている所以です。EQでいう人間関係の対象の一つは会社の上司や仲間であり、その良し悪しが組織力を左右します。もう一つの対象は顧客です。顧客の心の動きに共感できれば、顧客志向（カスタマー・フォーカス）が強まり、顧客の立場に立った製品・サービスの開発ができます。顧客によい製品・サービスを提供して顧客満足（カスタマー・サティスファクション）をいただけます。また、グローバルな共生の時代においては、ＥＱ力を大いに発揮することによって、国際人として様々な国の人々との関係性をうまく築くことができます。

学校における〝いじめ〟が大きな社会問題になっています。昔からやんちゃ坊主はいましたが、昨今のいじめが深刻なのは多くの者が見て見ぬ振りをしたり、進んで加害者の側に加わって、組織ぐるみでいじめたりするケースが多いことです。ウォームハートが置き去りになっているのではと危惧します。時折、心身の鍛錬の場であるべき大学の運動部で上級生による下級生いじめのニュースを耳にします。チームの勝利は個々の選手の力量とチームワークの相乗によってもたらされます。その基本であるウォームハートがなおざりにされているのではと心配します。

会社では一人ひとりの成長を願うとともに、チームとしての仕事の成果を求めて力を合わせなければなりません。仕事仲間の様々な悩みや苦労に同憂共感し、その解決に向けて支援と協力を惜しまない姿勢が望まれます。今一度、ウォームハートの視点から自らを省みましょう。

相手が何を言いたいのかよく理解できない、あるいは自分が話していることが相手にどう伝わるのかが分からないという人間音痴は周囲に大きな迷惑を与え、場合によっては騒動を引き起こします。私たちは少しでもそれを自覚することがあれば、周りの人々の助言に耳を傾け、よき先輩や友人を見習うことによって矯正していきましょう。

三．頭の使い方

仕事のできる人は頭の使い方が上手です。それをクールヘッド（涼やかな頭）と呼び三つの方向軸で考えてみます。すなわち、X軸として情報（第八講）を集めるのがうまくて知識が豊富な勉強家としての資質、Y軸としてしっかりと考察し企画する力、そしてZ軸として連想を働かせ創造できるアイデアマンとしての才覚です。マーシャルが言った「冷静な頭」とは少し意味合いが異なることにご注意ください。

X軸を鍛えるための情報・知識の源としては、現場・現物・現実、信頼できる異業種や異分野の人の話、新聞などのメディア、そして書籍があります。かつてGEの社長であったジャック・ウェルチ氏は、いわゆる「歩き回るマネジメント」を大切にしました。自ら現場に飛び込んで現物と現実にかかわる生の情報を集め、問題点を見つけ出したのです。様々な経験をした人や異業種・異分野で活躍する人からは、客観的で幅広い知識を学ぶことができます。私たちは気づかぬうちに閉ざされた社会でしか通用しない言葉で話しがちですが、それを気付かせてくれます。新聞などのメディアからはホットなニュースを素早く集めることができます。書籍からは様々な事柄について系統的な勉強ができますし、小説によって自分では滅多にできない仮想体験をすることもできます。

情報や知識の収集における姿勢の基本は〝無心〟で対象を直視することです。しかし、時には〝意図〟を持ってあたるのもよいのではないでしょうか。意図とはある種の問題意識です。雑多な情報に溺れることを避けるために、問題意識を持って選択的に情報や知識を集めることが場合によっては必要だと思います。

収集した情報や知識の蓄え方（記憶の仕方）の一つは個別的に断片的に丸暗記する方法であり、コンピュータが得意とするところです。もう一つは体系だて図形的イメージとして捉えるやり方であり、人間が得手とするところです。この方が私たちの頭の構造にマッチしているように思います。このようにして得た知識や情報をより大きく生かすためには、問われるままに生き字引の如く受動的に引き出すのみならず、時と場合に応じて能動的に動態的に引き出していく姿勢が望まれます。

クールヘッドのY軸は考察し企画する力です。これには演繹的な手法と帰納的な手法があります。演繹とは一般法則から具体的な事例や事象を導くもので三段論法はその一つです。「風吹けば桶屋が儲かる」式の考え方です。帰納的な考え方とは具体的な複数の事例から一般法則を導くものです。昔、習った数学的帰納法を思い出してください。一の場合、二の場合の具体例から、一般の場合の規則性を推論するのです。演繹と帰納を場合に応じて使い分けて物事を考察していきましょう。また、確率・統計的な思考方法も大切です。一般的に経済・社会で生じる事象や様相は確率的であり、断定的に決め付けることはできません。そのような場合には、統計的手法によって平均値（期待値）を測ったり、可能性の広がりを見たりします。その中で、テールリスク（確率は低いが甚大な損失をもたらすリスク）を見落とすことなく、事前に対応を検討することが大切です。

人によって、イエス・ノーのようにディジタル的に考察するタイプと、幅を持ったアナログで思考するタイプがあります。一つの専門性を深掘りするスペシャリストと、幅広く能力を展開するゼネラリストがいます。部分の読みに強い人と、全体を俯瞰するのが得意な人がいます。一概にどちらがよいとは言えませんが、時と場合や、職種と立場に応じて柔軟な思考スタイルを身につけていきたいと思います。

解決すべき課題に対して仮説をたて、シミュレーションや試行で得た結果を検証することによって企画力を鍛えることができます。若さによる大胆で革新的な企画が期待される一方、やがて経験を積むことによって確度の高い企画を要求される状況にも遭遇《そうぐう》するでしょう。

クールヘッドの三つ目のZ軸は連想力、創造力です。考察や企画を踏み台にして、連想を重ねて新しいアイデアを創造する力です。天才による神がかり的なもの、大きな特許とかノーベル賞をとるような発明・発見は別として、通常の私たちの生活やビジネスの世界では、強い目的意識と明確な目標を持ち続けることが、よきアイデアを創造する上で大切となるのではないでしょうか。

瞬発力が試される場合がある一方、じっくりと練り上げるアイデアもあるでしょう。いずれにせよ、ものごとの表層ではなく本質を捉えた発想と連想の展開が望まれます。生み出したアイデアは自己満足で終わるのではなく、それを周囲に伝える勇気を合わせ持つことが理想です。

知識や情報を集め蓄えるだけですと、これからのインターネット、ビッグデータ（大規模情報）の時代では光を失ってしまいます。考察し企画するだけですと、この不透明な閉塞状況を打破できません。連想力や創造力だけの単なるアイデアマンでは、このリスク社会においては足元が危ぶまれます。X、Y、Zの三軸をバランスよくつないだサイクルをぐるぐると回してより高い次元に昇華することによって、人材として成長していくことができるのです。

四．行動力の発揮

行動力の発揮においては、現実の課題に対して、「三現・三即・三徹」（第九講）であたることが原則です。その上で、ホットスピリット（熱き思い）をもって適切にリスクテイクする（リスクをとる）ことが大切です。積極的に自ら手を挙げ行動することによって風を引き起こすのです。それによって生じるリアクションを見て、リスクの本質をよりよく理解できます。

私たちはやっかいな課題を前にすると、得てしてそれができない理由を探し勝ちです。「今は忙しい」「戦力が足らない」と簡単に諦めたり、「売り方が悪い」「商品が悪い」と互いに責任を転嫁したりします。また、「コストが合わない」「技術的に難しい」などといった不可能論を展開して自他を納得させようとします。大きな課題に直面して怯むとそれを乗り越えることはできません。大きな勝負どころで雑念が入ると結果を残せません。それらに潜むリスクを冷静に測り、適切にコントロールしつつ、果敢に挑戦していかねばなりません。「山より大きい猪は出ない」理屈ですし、「夜明け前が一番暗い」とも言います。いかに厳しい環境といっても何時までも続くわけではありません。ピンチはチャンスの前哨です。ピンチの時にこそホットスピリットが必要とされるのです。

また、近年は海外でビジネスをする機会が増えました。海外では国内とは異質のストレスやリスクがあります。開発途上国では犯罪やテロに巻き込まれる可能性を否定できませんし、欧米では訴訟リスクがわが国と比べて格段に高いのが実情です。それらを未然に防止し適切に制御するとともに、ホットスピリットを発揮してチャレンジする知恵と胆力がいります。

イノベーションを先導し成功させた企業家や起業家はほとんど例外なくホットスピリットの持ち主です。リスク感覚を研ぎ澄ましながら、大きな夢や目標に向けて果敢に挑戦するチャレンジスピリットとリーダーシップが成功の秘訣なのです。

リスクテイクをホットスピリットの一つの要件としてのX軸とすれば、もう一方のY軸としての要件は、有言実行と率先垂範によってチームや組織を引っ張ることができることです。

そのためには、思いを前向きな表情と姿勢で表現し、周囲に対してよき影響力を発揮することが求められます。気持ちが前向きで明るいと脳内でアルファー波が支配的になり、活力が湧いて行動が積極的になるとのことです。それは当然のことながら周囲に伝播して、組織とチームを明るく前向きにします。その効果は組織の行動によき影響を与えるとともに、再び自らに返ってきて、さらなる前進のための勇気を与えてくれるでしょう。このようなよき循環を意識してホットスピリットは必ずしも内に秘めるのではなく、むしろ外に表現していきたいと思います。〝ねあか〟と〝ねくら〟という性格分類がありますが、ねくらを自任する人がリーダーを務める場合には相当の努力が必要でしょう。表層は周りにも伝染するからです。

ちなみに、リスクテイクはするが周囲に働きかけられない人は一匹狼です。それなりの存在価値はありますが、それを組織力にまで拡大発展させることはできません。理路整然と周囲を説得しようとする一方、自身はリスクをとらないのは、いわゆる評論家です。こういう人が上に立って組織を引っ張ろうとしても勢いが出ません。自ら何もしないし、外部に何も発信しないのはいわば逃避者です。

ホットスピリットに満ちた行動力の発揮のためには、目的や目標を強く意識することが大切でしょう。例えば政治家の行動力には見るべきものがあります。是非については意見の分かれるところですが、「選挙に勝つ」という明快な目標の一点で、骨惜しみせず精力的に動きます。皆さんも身近なところで結構ですから、しっかりと目的・目標を意識してホットスピリットを発揮し行動してください。

人間力について、ある意味で筆者なりの理想論を述べてきましたが、筆者が皆さんの年頃にこんなことを考えていたわけではありませんし、こんな風に行動していたわけでもありません。

むしろ、あの時にはこうしておけば良かったのにという反省の方がたくさんあります。それだけに、読者の皆さんには早くから自らの成長のあり方について考えていただければと思う次第です。

第七講

コミュニケーション

コミュニケーション（対話）とは話し合うことです。知らせたいことを伝えることであり、知りたいことを教えてもらうことです。本講では組織の中で行われるコミュニケーションのあり方を考えてみます。

まず、コミュニケーションにおける基本的な姿勢のあり方と、様々なコミュニケーション・ツールについて述べます。そして、注意すべき事項として、話し手と聞き手の間にある情報の非対称性の克服、正確なコミュニケーションのあり方、および課題を中心としたコミュニケーションの大切さについてお話しします。

一．コミュニケーションの基本姿勢

上司と部下のコミュニケーションのあり方として元日本商工会議所会頭の岡村正氏が日本経済新聞の「私の履歴書」で次のように書いておられます。「上長が自分の想いを伝え、部下が積極的に行動をとるようになる。部下が何かに挑もうとしているときは上長が正しく理解し助言し、部下の行動がさらにいい方向に向く。そこまでできてようやくコミュニケーションといえるのだ」。コミュニケーションの難しさとそのあり方を適切に表現されています。

コミュニケーションにあたって、とりわけ大切なツールは相手の言葉を「きく」耳です。「きく」には、「聞く」と「聴く」という二通りの漢字があてられます。前者は音と声を耳と頭で認識することであり、後者はその内容や背景を頭と心で理解するというニュアンスの違いがあります。当然のことですが、相手の話を耳と頭でよく聞き、頭と心でよく聴くことが大切です。経営の神様、松下幸之助氏は「ひたすら聞いた」と伺ったことがあります。相手の話を聞き、時折、質問を発しつつ話題の核心を聴いておられたのです。話し手は話しながら経営の神様の反応を見て、様々な勉強ができたことでしょう。静けさの中に鋭さを隠し持った真剣な対話の様子が目に浮かびます。

聞き手が摩擦を恐れて何でもかんでもあいまいに「イエス」と反応しますと、時には話し手に誤解を与えます。逆に、初めから終わりまで腕組みをして「ノー」と拒否するのは、話し手の伝えたいという意欲を殺ぎます。生産的なコミュニケーションのためには、「イエス・バット」の形で相手の意見をいったん受けた上で修正したり自分の意見を付け加えたりするのがよいでしょう。あるいは、「イエス・アンド」の形で相手に同調しながら、さらに深く議論を掘り下げていくのがよいのではないでしょうか。それによって、議論が噛み合ってきます。この点、普段からディベートで鍛えられている欧米のビジネスマンから学ぶところが多いと感じます。

いわゆる口の達者な話し好きは必ずしも優れた話し手とは限りません。情報の発信者や話し手は、受信者や聞き手の知りたい正しい情報、あるいは聞き手の知らない新しい情報を過不足なく短時間で伝える努力が大切です。いかに多くの言葉を発するかではなく、いかに正しく要領よく伝えるかです。聞き手は様々な判断能力と予備知識をもって聞いているわけですから、それに照準を合わせて話さなければなりません。二枚舌はいけませんが、上司への報告と仲間や部下への説明の仕方は違っていいわけです。聞き手の人となりをよく理解した上で、聞き手に誤解を与えたり混乱を生じさせたりしないように注意しながら話を進めることができれば、話し手としてのプロというべきでしょう。

コミュニケーションの目的の一つは相手を説得することです。だからといって、頭から説得にかかるとしばしば失敗をします。話の中身にもよりますが、まずは相手の警戒心や迷いを取り払い、徐々に共感と賛同を得ていくプロセスが必要ではないでしょうか。結果として自然な形で、双方にとって望ましい答えが導き出されるようなコミュニケーションを心がけたいと思います。

「目は口ほどにものを言う」といわれますが、それのみならず「目は耳ほどにものを聞く」こともできます。一般に欧米人は話すときも聞くときも相手の目を真っ直ぐに見つめて会話をします。相手の目に訴えるべく身振り手振りも大げさに見えます。目をそらして話すと、まるで嘘を言っているように疑われます。目をそらせて聞くと、いい加減に受け流しているように思われます。静かに会話をしますと、まるで自信がないのかと怪しまれます。ビジネスの場がグローバルに広がるにつれ、人と人の関係もそれにふさわしく進化していかねばなりません。英語などの言葉の学習も大切ですが、コミュニケーションにかかわる五感の働かせ方においても工夫がいるでしょう。二〇二〇年オリンピックの東京への招致活動で発揮されたプレゼンテーターの表情の豊かさや身振り手振りの分かりやすさは、正直にいって日本人でもここまでやれるのかと感心しました。参考にしたいと思います。また、広義のコミュニケーション力として外国の思考・習慣に慣れ親しむ積極的な姿勢があげられます。文化・歴史・政治・宗教を理解し、日本人社会に閉じこもらず「郷に入っては郷に従う」柔軟な適応性が大切です。

ところで、皆さんにとって最強のコミュニケーション・ツールは断トツで〝ケータイ〟ということになるのでしょう。確かに、ケータイによる電子メール通信は伝えたいことをスピーディに気軽に送れるので大変に便利です。しかし、それが過ぎてケータイがまるでお遊びのように使われ過ぎていないでしょうか。時と場所を選ばずに、相手と内容を構わずに使ってはいないでしょうか。家族や友人との間では許される表現であっても、一般社会やビジネスの場では通じないものがあります。ニュアンスや背景を伝え難くて、その内容や表現が相手に無用な誤解を与えることもあります。送信ボタンを押す前に一呼吸おいて内容を十分に吟味したいと思います。願わくば、もう少しケータイに費やす時間を節約してじっくりと考える時間を増やしたり、フェイスツーフェイス（対面）による濃くて温もりのあるコミュニケーションにあてたりしたいものです。

　インターネットによって不特定多数に向けて発信された情報や意見には傾聴に値するものがたくさんありますが、不用意な間違いを含んだものも少なくありません。さらに、匿名性を隠れ蓑にして、感情の赴くままに過激な表現で多くの人々に誤解を与えたり、特定の人や組織を傷つけたりすることがあれば残念なことです。このようないわば発信者の顔が見えないコミュニケーションによって、不用意な加害者になってはいけませんし、不幸な被害者になっても困ります。インターネットによる情報発信においては特にその公開性に配慮し、内容の正確性と公平性に注意を払いましょう。

　大切なコミュニケーションにおいては、話し手と聞き手の双方が五感を総動員してメッセージを送受信すべきでしょう。単なる情報の伝達や交換ではなく、双方が互いの意思を確認し納得して、気持ちよく次の発展的な行動がとれるようにしたいものです。

二、情報の非対称性

将棋や囲碁などのゲームは上下・左右が対称の盤を挟んで行われます。対局中は全体をバランスよく見渡して冷静に判断しているつもりですが、なかなかそうはいきません。しばしば相手から思わぬ手が飛び出して驚かされますが、その原因は棋力の差だけにあるのではありません。人間はどうしても自分の側に立って物事を見ますので、相手側から見た次の一手が読み難いのです。それかあらぬか、プロ棋士の中には対局中に記録係からそれまでの棋譜を取り寄せて、相手側を手前にして見る人がいるそうです。局面が相手にはどう見えているのかを確かめているのです。

コミュニケーションにおいても同じようなことが言えます。情報の発信者と受信者の間に、いわゆる情報の非対称性（情報格差）と呼ばれるものが存在することを、あらかじめよく理解しておかねばなりません。経験や知識の有無、立場や関心の違いからくる情報の格差によって、一つの事実や内容がうっかりすると異なった形で解釈されることがあります。不用意に話を進めると双方ともに何らの生産的な合意をもたらすことはできませんし、誤解によって思わぬ方向に走ってしまい、後で臍《ほぞ》をかむことになるので注意しなければなりません。

例えば、上司と部下が持っている市場・顧客情報や製品・サービスの知識には大きな差があります。

したがって、報告と指示の場において理解度や判断に差が生じてくるのは当然です。互いに相手との情報の非対称性に配慮して対話するように努めなければなりません。製品・サービスの生産者・提供者と消費者・利用者間においても製品・サービスにかかわる性能・品質や使い勝手など様々な知識に差があります。生産者・提供者は勝手な思い込みで製品・サービスを押し付けてはなりません。誤解と誤使用によって思わぬトラブルを引き起こす恐れもあります。できるだけ親切な説明が必要です。それにかけた時間だけ、見返りとしてしばしば消費者・利用者から思わぬ改善のアイデアを得られるでしょう。決して時間の無駄ではないのです。

また、意図的に歪められた情報、虚偽や非論理は論外として、善意に満ちたコミュニケーションにおいても様々な認知バイアス（偏り、第八講）によって認識の食い違いが発生することがあるので注意がいります。特に、悩みや不満を話題にする場合には、私情が先走ってバイアスが増幅されます。できるだけ冷静に論理的に話し合う努力をしなければなりません。情報の非対称性や認知バイアスの存在を理解しそれを克服して、折角のコミュニケーションがそれにかけた時間や労力に対し正当に報われるようにしたいものです。

第六講でお話しした心の知能指数「ＥＱ」は「自分自身の気持ちをコントロールできる」ことに加えて、「他者の感情を受け止め、それを理解できる」ことを大切な要件としていました。言い換えると、自分と相手の間に横たわる非対称性を理解し調整できることを要請しているのです。コミュニケーションにおいてはＥＱの力を大いに発揮して、様々な要因によって生じる情報の非対称性を正しく克服していくことが大切です。

三、正確なコミュニケーション

皆さんは同窓会の幹事をされたことがあるでしょうか。親しい友人との約束は後でケータイで簡単に確かめたり修正したりすることができますが、多人数がかかわる約束の場合には抜けや誤りがあると厄介なことが起こります。したがって、最初から関係者全員に５Ｗ１Ｈを意識してきっちりと伝えなければいけません。５Ｗ１Ｈとは、すなわち「だれが」「いつ」「どこで」「何を」「なぜ」および「どのように」です。

会社においても会議や打合せなど、多人数によるコミュニケーションの場合には、５Ｗ１Ｈに抜けや誤りがないように丁寧に意見交換して決定し、そして確認するプロセスが重要です。仕事の実践においては、これに「だれと」「いくらで」を加えて６Ｗ２Ｈということになります。顧客から製品・サービスを受注し納入するまでのプロセスにおいては、社内外の多くの人々が協力し合っています。多くのプロセスが互いに連携しています。その間を正しくスムーズにつなぐためのコミュニケーションにおいては、責任者や実行者が特定され、期限や品質、コストが明示されなければなりません。これらを5W1H、6W2Hでどれだけ明確にしているかが仕事を正確に効率的に行う上での鍵となります。

会議や打合せの議事録の作成にも工夫が必要です。時折、発言をダラダラと記述したり、責任のたらい回しが目的ではないかと疑わせる曖昧模糊《あいまいもこ》とした議事録を目にすることがあります。行動の主体や期限を明示せずに「……すべきである」と結論づけたり、単なる現状の追認として「……となっている」などと報告したり、「……と思います」と個人的な感想を述べたりすることで終わっています。会議には開催準備から終了後の議事録の作成まで膨大なコスト（人件費）がかかります。それにふさわしい成果を上げなければなりません。6W2Hを正確に記録し関係者に伝達し共有することによって、チーム一丸となった迅速なアクションを起こさなければ元を取れません。

コミュニケーションの目的は組織やチームメンバーのバラバラなベクトルを一定の方向に収斂《しゅうれん》させることです。ベクトルは大きさと方向の二つの要素を持っています。大きさしか持たないスカラー（目盛）は単純に足し算できますが、方向のあるベクトルはそうはいきません。うっかりと逆方向のものを足し算しますと小さくなったり、極端な場合はゼロやマイナスになります。その方向性を一致させることによって、初めて組織力、チーム力を倍加することができます。そして、それを繰り返して定着させることによって、企業の風土や組織の意識を改革できるのです。ここでベクトルの方向性とは、すなわち5W1Hや6W2Hです。

皆さんは、現在、何らかの組織やチームに属されているでしょう。あるいは将来、それをリードする立場になることでしょう。そこで行われるコミュニケーションの場において6W2Hをきっちりと決定し、理解し、実行することこそが、周囲の皆さんからの信頼を獲得するための第一歩です。

四. 課題中心のコミュニケーション

社会心理学においては、人と人の間で生じる葛藤《かっとう》を「関係による葛藤」と「課題による葛藤」の二つに区別しています。前者は「あの人とは気が合わない。価値観が違う」といった形で生ずる不一致で、一般に集団や組織の生産性に悪影響を及ぼします。後者は「課題に対する解決のアイデアや手法が違う」といったことから生じる対立で、より良い代替手段や質の高い決定につなぐことによって集団や組織の生産性にプラス効果をもたらします。

関係による葛藤から発する思考やコミュニケーションはくれぐれも戒めねばなりません。また注意すべきは、本当はそれに起因しているにもかかわらず、表面的には課題による葛藤を装って「反対のための反対」の議論をし、組織やチームをしばしば混乱させるケースです。表面的な論理に明らかな矛盾が見つけられない限り、それが大手を振って正論としてまかり通ることとなり、ビジネスの方向性を誤らせ全体の足を引っ張ります。政治においても与党と野党とが国難を前にして、しばしばそれぞれの面子をかけていがみ合います。いわゆる政治ではなく政局と呼ばれるものは、この類《たぐい》です。

プロ野球で調子のよいチームは、ベテランと若手、プロパーと移籍組が同じ守備位置や打順で好ましい競争をし、ベンチには適度な緊張感が漂っているものです。したがって、故障者が出ても直ぐに強力な交代要員が現れて、思いがけない力を発揮してチームを救い勢いづかせます。私たちの仕事は様々なプロセスの協働により成り立っています。その中で、同じようなプロセス同士の適切な競争はチーム力の強化にプラスに働くので奨励されます。例えば、営業の中でA地域担当とB地域担当は密なるコミュニケーションと健全な競争によって切磋琢磨すべきです。一方、素人野球ではピッチャーとキャッチャーがサインミスで互いに責任の押し付け合いをし、ショートとセカンドがボールを譲り合って後逸します。外野同士の連携が悪くて頭をぶつけ合い、三番と四番打者が互いに功を焦ってどちらも打てないといった光景をしばしば見かけます。仕事においても、互いに依存し補完すべきプロセス間での過剰な競合は、時としてチーム力にマイナスの影響を与えます。例えば、販売と開発、開発と生産の間で責任の押し付け合いをしてはなりません。異なる役割と責任範囲を持つ人同士は、そのためにこそ適切なるコミュニケーションによってポジティブな協働関係を築いていかねばならないのです。

信用の置ける人の意見とそうでない人の発言は、受け手にとって納得度に違いが出るのはやむを得ません。しかし、人の好き嫌いや過去の信用度だけで、その発言の意味合いを感情的にあるいは恣意的に受け止めてはなりません。対人関係において「聖人君子たれ」というわけではありません。しかし、課題を解決するためには、敢えて人の要素をいったん棚上げした上で、課題を中心にコミュニケーションし、合理的な結論を得るように努めたいと思います。

組織やチームの強みは、その中の各プロセスや部門の力を強化するとともに、プロセスや部門間の諸問題を課題による葛藤でもって話し合い、その解決に向けて連携し合うことで築かれていくのです。

コミュニケーションの大切さは会社生活や仕事の場に限りません。コミュニケーションは、およそ人と人が何らかの形で触れ合うあらゆる場において、心を通わせ、意見を交換し、そして協力関係を築くための基本的な手段です。

皆さんは明るい希望とともに様々な悩みも持っていることでしょう。また、これから様々な諸問題に遭遇することでしょう。どうぞよきコミュニケーション力を発揮して、それらを上手に解決していってください。

第八講

情報・データと意思決定

第六講で人間力の鍛え方の一つとして、情報や知識への接し方について述べました。

本講では情報・データの取り扱いにおいて注意すべきこと、およびそれによる意思決定のあり方について説明します。

私たちは絶えず身の回りの環境から情報・データを得ています。また、周囲の人々と情報・データを交換しています。得た情報・データを私たちは自身の頭脳やコンピュータなどのツールを活用して加工・処理します。そして、そこから意味ある知識や知恵を導き出して意思決定し行動するのです。

仕事とは、よい製品・サービスの提供と、それにかかわる情報・データの処理と活用であると言っても過言ではないでしょう。

一・情報・データの収集

仕事において情報・データを正しく取り扱うことは、よい製品・サービスを顧客・社会に届け、組織を様々なリスクから守るための基本です。情報・データを収集する場合には先入観や気分による過度な楽観や悲観、あるいは立ち位置による認知バイアス（偏り）が紛れていないかどうかを慎重に見極めなければなりません。

私たちは無意識のうちに自身の先入観を肯定し、自身の立場を守るような情報・データばかりを収集する傾向があります。世紀の大発見と伝えられたものが、後で間違いと分かったケースがこれまで幾度かありました。悪意による捏造は論外として、自らの理論や仮説を何とか証明したいとの潜在的な願望に起因したものもあるでしょう。都合のよいデータは見つけられるが、不都合なものは見えなくなってしまうのです。

また、気分的に落ち込んでいるときは周囲の状況が全てネガティブに見える一方、高揚しているときは周囲の事柄を全てポジティブに見てしまいます。有名なたとえ話として、靴のメーカーが海外市場の開拓を検討し、未開地の市場調査を二人の社員に命じたところ、全く正反対のレポートが出されたといいます。一人はだれも靴を履いていないので市場として成立しないと主張し、もう一人は潜在需要が無限にある有望な市場だと報告しました。発想の仕方によって、見える情報・データの持つ意味が全く変わるのです。

情報・データの発信者の立ち位置によって、大切なことが抜け落ちたり些細なことが大きく取り扱われたりもします。また、一般に良いニュースはできるだけ早く上司や関係者に伝え、悪いニュースは明確になるまで伏せておきたいといった心理が働きます。「ホウレンソウ（報告・連絡・相談）」の大切さが繰り返し唱えられる所以です。

一方、受信者の立ち位置によって、受け止める情報・データの色彩が百八十度変わることもあります。例えば、イスラエルとレバノン戦争のニュース番組を対象にした調査によれば、アラブ支持の視聴者の多くがそのニュースをイスラエル寄りと感じたのに対して、イスラエル支持の視聴者の大多数がそれを反イスラエル的と感じたとのことです。同じニュースでも立場の違いによって全く異なって受け止められたのです。近年の日・中・韓の政治的なチグハグもこれによく似たところがあると感じます。立ち位置によるバイアスを排除して情報・データを公平・素直に受け取ることの難しさと大切さが分かります。

収集された情報・データは、多くの場合、システムに入力されますが、そこで誤りを犯してはそれまでの苦労が水泡に帰します。先年、いわゆる「宙に浮いた年金」が多数あることが判明し社会的に大きな問題となりました。原因として、組織の管理体制の不備やコンピュータ・システムの欠陥が指摘されました。確かに、これらが大きな要因の一つになったのは事実でしょう。しかし、厳しい言い方になりますが、むしろ職員一人ひとりの仕事に対する責任感の欠如と情報・データに対する認識の甘さが根本的な原因であったように感じます。当然ながら、コンピュータはそれ自身で万能というわけではありませんので、不正確な情報・データを入力し、しかもどれが正確でどれが不正確かが判然としないのであれば、全体として何の役にも立ちません。情報のデータベース（多数の利用者に共有されるデータの集合）に対しては、関係者間のしっかりした目的と目標の共有と責務に対する自覚、および慎重なデータの取り扱いと十分なチェック体制が大切です。それでも人間は生身ですので時には間違いを犯します。したがって、入力システムの中に適切なフールプルーフ機能（ポカよけ、第九講）を組み込んで間違いを予防しなければなりません。

データベースは個人情報保護の観点からの注意を欠いてはいけませんが、基本的にはいつでもどこからでも検索とトレース（追跡）ができるように構築しておくべきでしょう。それによって、問題を未然に防止するとともに、いざ問題が発生した場合でも迅速に原因の究明、解決および再発防止を図ることができます。近年は、このようなトレーサビリティ（追跡可能性）を工業製品のみならず、農産物にも求めて食の安全を担保する傾向が強くなっています。

組織として、個人として正確な情報・データを収集するために、先入観や立ち位置による様々な偏りを排除して客観性を確保するように工夫しましょう。そして、有用な知識の引出しと、しっかりした判断基準を持てるように努力しましょう。

二、情報・データの分析

選挙のたびにマスコミ各社は速報を競い、次々と「当選確実」を報じます。放送局によって慎重なところと拙速とも思えるところがありますが、ほとんどのケースで速報と最終の当否結果に食い違いはありません。支援者はそれを信じて、一喜一憂し万歳三唱をするのです。このように正確な速報の秘密は周到な事前調査、投票所での広範な出口調査と、進行する開票状況を総合したデータの精緻な統計処理にあります。一方、インフルエンザの特効薬とされるタミフルの副作用による異常行動が連日マスコミに取り上げられ、当局の見解が大きく振れたことがありました。当初は薬と異常行動には因果関係がないとされていましたが、相次ぐ事故報道を受けて一〇歳代の患者には本剤の使用を差し控えるということとなりました。マスメディアの声の大きさに比べて、少ない情報・データによる判断の難しさが浮き彫りになりました。また、TVのバラエティ番組で納豆のダイエット効果が喧伝されたことがあります。しかし、効果を誇張するためにデータそのものが捏造されていたのです。納豆はもちろん健康的な蛋白源ですが、ダイエット効果までは期待できないことが識者によって指摘され、報道内容が撤回されました。数字データが持つ危うさとメディアの怖さを感じます。情報・データの分析と評価はメディアなどからの声の大きさに惑わされることなく、正確でかつ判断に足る必要十分な量でもって総括的にかつ冷静に行うことが大切です。

また、情報・データの絶対値だけで一喜一憂するとしばしば判断を間違えます。何らかの基準との相対で比較・分析されなければなりません。試験の点数は問題の難易度によっていくらでも変わりますし、順位は受験者のレベルによっていくらでも上下動します。会社の業績は数字そのものによる独りよがりな判断ではなく、類似企業や競合企業をベンチマーク（優良事例）とした比較考察や、計画値や過去の実績値との相対でもって評価すべきでしょう。また、経済情勢の変化によって業績は大きく左右されますので、環境条件による影響を修正した上で判断しなければなりません。

対象によっては静的なデータの集合で即断するのではなく、月次や年次などの動的な時系列でもって判断しなければなりません。国の経済規模を示すＧＤＰは四半期単位でどのように変動したのかが注目されます。株価や為替レートは時々刻々と変動しており、投資家にとっては数字そのものよりもその方向性や変動幅が大きな関心事なのです。場合によっては、小さな変動を捨象して大きなトレンドを見るために移動平均（連続する数点の平均値の変化）を使うこともあります。移動平均からのかい離に注目して潮目の変化を発見するものの見方もあります。表面の数字を個別に捉えて評価するのではなく、昨日より今日、昨年より今年、どれだけ本質的に変化し改善したのかを見ることが大切なのです。

製造現場の管理のためのデータ分析として「ＱＣ七つ道具」というのがあります（第十三講）。様々なグラフやチャートなどで、生産性、品質、コスト、リードタイムなどの課題の実績推移がいつでもだれでも確認できるよう現場に掲示されています。いずれも簡単なデータ分析手法ですが、このような関係者全員への経営の「見える化」によって、科学的な現場イズムを定着させ、チームのモチベーションを高めることができます。ＱＣ七つ道具は製造現場に限らず、様々な仕事の場でも利用できる最もシンプルで、かつ効果的な情報・データの分析手法といえるでしょう。

情報・データは正しく分析し判断しなければなりません。不十分な量の情報・データで短絡的に捉えると結論を間違います。情報・データの絶対値だけで判断すると自己満足に陥ります。静的な考察だけでは過去、現在と未来をつないだ判断はできません。総括的、相対的、かつ動的に情報・データを分析することによって、より正しく客観的に創造的に今後の方向性を見出すことができるのです。

三、意思決定

一般に、意思決定はどちらが有利か不利か、あるいはどちらが安心か不安かなどの基準によって行われます。分析・加工された情報・データがそのための素材として用いられます。ただし、現実的な仕事においては学校の勉強とは異なり、必ずしも唯一つの明確な答えがあるわけではありません。そのような中で、私たちは様々な意思決定と行動をしなければなりません。「虎穴に入らずんば虎子を得ず」と果敢に挑戦していくのか、「果報は寝て待て」と待機作戦を取るのか、あるいは「君子危うきに近寄らず」と慎重に回避していくのかを適切に選択・判断していくこととなるのです。

まず、意思決定においては、しばしば対人関係の要素が入り込みがちです。第七講で述べたように、対人関係ではなく課題そのものによる検討が大切です。だれが言い出したのかということや、人と人の関係の好悪によって主観的・感情的に判断するのではなく、課題を中心に置いて客観的・論理的・冷静に考察すべきでしょう。

優れた意思決定は論理や計算ではなく、熱い思いの後押しがあって初めて可能になるといいます。問題が難しければ難しいほど枝葉末節の理屈にこだわるのではなく、むしろ大所高所に立った判断を心がけるべきでしょう。簡単に結果を追い求めるのではなく、むしろ苦労は多くとも大きな成果を生む選択に挑戦すべきでしょう。そのためには、費用に対する効果を緻密に考察する一方、脅威に対する機会（チャンス）を大きな視野からとらえることが大切です。

戦後の復興を支えた私たちの先輩は、世界の市場にある種の覚悟を持って飛び込んでいきました。今さら、竹やり精神を持ち出すつもりはありません。しかし、困難な課題や状況に対して決して怯むことのないチャレンジ精神や行動力には見習うべきところがあります。大きな勝負どころでは、それに潜むリスクを冷静に測り適切にコントロールしつつ、積極果敢に意思決定し行動していくべきでしょう。様々な課題を前にして、事なかれや気後れによって意思決定を先延ばしすると機会損失をします。時間を使って慎重な判断が許される場合もありますが、胆力を発揮した勢いのある判断が求められる場合もあることを肝に銘じてください。

その上で、判断に迷うことがあれば信頼できる人に相談し助言を得ることが大切です。勇気を得て前進することができるでしょう。しかし、物真似で安易な意思決定をしてはなりません。私たちは周囲の模倣をしていると安心感を持て、ある行動をとる人が多ければ多いほどその行動が正しいものに見えてしまうからです（社会的証明）。また、過去の事例や他人の経験に学ぶことは大切です。しかし、表面だけを鵜呑みにすると危険です。一般に、いわゆる「偉人の英断」として語られるものは後知恵の結果論で成功を収めたものばかりという現象があるからです。後悔を残さないためには、最終的な是非の判断は自らの価値観と意思決定の尺度に照らして行うべきでしょう。

一方、我を通しすぎると周囲が見えなくなって失敗するリスクが高まります。不幸にして今やっていることを中止するように追い込まれた場合、それまでの苦労やすでに費消したコストを惜しんで、ズルズルと撤退の意思決定を遅らせる傾向があるからです（コンコルドの誤り）。赤字続きであった超音速旅客機コンコルドの運行を、「今やめては折角の開発費用が無駄になる」という意識にとらわれて赤字を膨らませたのです。「チキンレース」もこれとよく似た現象で、メンツに拘りすぎて意思決定を遅らせると奈落の底に沈みます。退却の意思決定にこそ、大きな勇気を発揮しなければなりません。

私たち凡人には未来を決して正しく読むことはできません。したがって、将来のことについては常に謙虚でなければなりません。その中で、様々な意思決定が求められます。自らの価値観を基本の尺度とし、かつ周囲の人のよきアドバイスにも耳を傾けながら慎重かつ果敢に意思決定をしていきましょう。

四．システムの活用

今や、コンピュータ・システム抜きで仕事を語ることはできません。財務・会計、人事、企画などの本社機能、技術情報管理、工場の生産管理、営業の顧客・受注・売上管理など様々な仕事で活用されます。伝票や文章・図表の作成・処理のほとんど一〇〇%がシステムによって行われます。「ホウレンソウ」のためのメールが組織の内外を絶えず飛び交っています。システムに対する一定以上の理解と応用力が仕事をする上での必須要件となってきました。

システムによって「データベース」から必要な情報を簡単に検索することができます。また、「データ・マイニング」という手法によってデータベースから意味のある知識を獲得できます。大量のデータを統計的に解析して、その中に潜む項目間の相互依存関係から有用な知識を獲得するのです。例えばスーパーマーケットの顧客の買い物データを集めて互いに相性のよい商品の組合せを見つけ、仕入れや店頭での配列に活かすことができます。近年、多数のサーバーで収集された「ビッグデータ」から、新たな知識や社会のトレンド（潮流）を発見する試みが盛んに行われるようになりました。会社には歴史の積み重ねの中で獲得された多くのデータベースがあります。それらをうまく活用して顧客・社会の動きや、会社の強み・弱み、なくて七癖を発見し、顧客満足や経営効率の向上などに資する有用な知識を獲得していかねばなりません。

さらに高度な活用として、これまでの経験や知識をコンピュータに埋め込んで活用する知識工学があります。例えば「エキスパート・システム」は散在している経験則や専門家の知恵を知識ベース（知識のデータベース）として集約し活用するものです。ある分野における専門知識（判断規則や事実など）を体系的に集約・整理して、そこから適切な判断や知見を導き出して問題解決を図ります。専門家が複雑な問題や事象に対して正しい判断が下せるのは、判断に必要な知識を豊富に持っているからです。エキスパート・システムではこれと同様に専門知識をコンピュータで利用できる形にして蓄え、それらを組み合わせて推論することによって、人間に代わって判断を行ったり判断を支援したりするのです。

将棋ソフトの「ボナンザ」は棋譜データに対して評価関数を定義して、その点数の最大化によって最善手を発見します。例えば持ち駒の価値や陣形の良さを変数として評価し、数手先の変化を読みます。かつては、手作業で評価関数が作られていましたが、今では実戦棋譜の自動学習によって、どんどんと強くなっています。これをベースに開発されたソフトの「ボンクラーズ」は、二〇一二年にプロ棋士の元名人・米長邦雄さんをついに負かせてしまい話題になりました。人間的な要素を多分に含む仕事がボンクラーズによって簡単に駆逐されることはないと思いますが、うかうかしてはおられません。ＩＢＭが開発した質問応答システムの「ワトソン」は米国のクイズ王に勝利しました。このシステムは単なるもの知りではなく、私たちが使う自然言語で問われた質問をそのまま理解して、大量の情報の中から適切な回答を選択します。また、国立情報学研究所が「人工頭脳プロジェクト」で、二〇二一年に東京大学の入学試験を突破することを目標に研究活動を進めています。将来的には医師、弁護士、エコノミストなどの高度に知的な仕事の一部をも担うことになるのでしょう。今後はこのようなコンピュータの能力をいかにうまく使いこなせるのかが人間の能力ということになります。

私たちはコンピュータの能力を最大限に駆使して時間に余裕を残し、それを人にしかできない創造的な仕事に生かすことこそが肝要です。コンピュータと競争するのではなく、コンピュータと仕事のすみ分けをすることによって、人はより価値ある仕事に就くことができるのです。

会社の仕事にはデータや数字がつきものです。それらを正しく収集し、分析・加工して意味ある意思決定をしていかねばなりません。大きなものから小さなものまで、その繰り返しによって日々の仕事が成り立っていると言っても過言ではありません。

その際、コンピュータは大変に有力なツールです。これをいかにうまく使いこなせるのかが、ビジネスマンとしての基本的な能力となっています。大方の皆さんは筆者らよりはるかに優れた情報リテラシーを持っておられると思いますが、ますますそれに磨きをかけてください。

第九講

リスクマネジメント

本講では会社とそこでの仕事にかかわるリスクとそのマネジメントのあり方を考察します。

飛行機から何もなしで地表に飛び降りるのは危険（デンジャー）な自殺行為です。一方、十分に訓練を受けた人がパラシュートを付けて行うスカイダイビングにおいては、一定の危険性（リスク）は免れませんが、それに見合う爽快感という報酬（リターン）を享受できます。リスクとデンジャーとは異なるのです。

仕事において、リターンを求めてリスクをとる場合には、その功罪および損得をしっかりと判断しなければなりません。また、最悪の場合のダメージを確認の上、そうならないように努力するとともに、万一の場合でも適切に対処できる仕組みを用意しておかなければなりません。

一．様々なリスク

近年、天気予報の確度が上がってきたように感じます。筆者も一週間後の外出予定を天気予報によって変更することがあります。気温や気圧などの観測点をもっと増やし計算のスピードをうんと上げれば、さらに精度は高まるでしょう。今後どこまで可能になるか期待したいと思います。それでは皆さん、明日の皆さんの運勢はどうでしょうか。人生はどこまで運命づけられているのでしょうか。あらゆる物質（人間を含む）の動きは物理法則に従いますので計算は可能です。一方、精神活動も大脳の神経網を走る電気パルスの帰結と考えれば、それも究極的には計算が可能なはずです。そうすると、未来は現在の状態さえ完全に把握できれば、そこから必然的に導き出されるという怖い結論に到達してしまいます。

実際、一九世紀の初め、フランスの著名な数学者であるラプラスは、あらゆる物質の現在の位置と速度が分かり、しかもそれらの動きをビリヤードの玉のように解くことができれば、未来は計算できると主張しました。すなわち、彼は数学・科学・技術のレベルが飛躍的に高まり、あらゆる測定と計算が可能になれば、現在の状態から未来を確定的に読めると考えたのです。それを可能ならしめる神のような存在は、後に「ラプラスの悪魔」と呼ばれるようになりました。

しかし、二〇世紀、物理学の最大の業績である量子力学によって、原子はもちろんのこと、あらゆる物質は絶対にここにあるとはいえないし、そのエネルギーは絶対にこの値になっているともいえないことが明らかにされました。ちょっと難しくなりますが、知識不足や計測の限界のためではなく、物質波としての確率的なあいまいさ（不確定性原理）によるのです。本原理によればあらゆる物質の現在の状態でさえ確定的には分からないのですから、当然のことながら以後のことも分かりません。スーパーコンピュータや仮想の超人をもってしても未来は複雑すぎて読めないのではなく、原理的に計算ができないのです。つまり私たちの明日の運命は神様にも分からないということです。

正に、私たちの身の回りは予測不能、あるいはある程度は予測可能であっても確率的にしか捉えられないリスクに満ち溢れています。企業活動においても様々なリスクに日々遭遇します。世界の政治・経済・社会情勢はインターネットの普及などもあって変化のスピードを増しています。企業活動がグローバル化するに伴い、地球の裏側の出来事でも対岸の火事と済まされないケースが増えてきました。世界の政治・経済・社会の不規則な動き（カントリーリスク）に、常日頃からしっかりと目配りする必要があります。このたびの東日本大震災では大津波や原発事故によって多くの住民が被災し、産業のサプライチェーンが破壊されました。ダメージのレベルは私たちの想像をはるかに超えていました。火山の噴火は前触れなく起こり、生活の基盤を脅かします。新型ウィルスの発生などで、渡航が制約されてビジネスに支障をきたすこともあります。その他、日常的なリスクとして、市場や技術の変化への対応、投融資の是非やそのタイミングなどの経営判断にかかわるもの、法令違反に問われるもの、製品・サービスの品質にかかわるものなど要因は多々あります。これらに備えるとともに、合理的にリスクに挑戦し効率的にリターンを求めていかねばなりません。

リスクは企業活動に限った話ではありません。皆さんの身の回りやグループの活動にどのようなリスクが潜んでいるのか、その対処はどうあるべきか、しばしの時間を取って思考を巡らせてください。

二、リスクマネジメントの基本

リスクマネジメントの基本はリスクを適切にアセスメント（評価）することです。リスクにふさわしいリターンが期待できるかどうかの判断です。ただし、経済的に見合うかどうかというだけではありません。それ以前に、社会的な評価がどうなるのかを慎重に見極めなければなりません。

社会的な評価はステークホルダーとの約束を守ることによって維持・向上できます。約束には法令や契約書などによる明示的なものと、文書化されていない自明で暗黙的なものがあります。基本的には、株主に損害を与えない、製品・サービスで顧客や社会に迷惑をかけない、社員および消費者・利用者の生命・身体に危害を与えないといったことです。このような約束は会社・社員の行動を拘束し、ステークホルダーとの関係を硬直化させるものと、後ろ向きに考えるべきではありません。むしろ、適切な規範に従うことによって相互の関係をより円滑化させるものと、前向きに捉えるべきでしょう。約束を守ることによって後悔や争いを未然に防止することができるのです。約束は仕方なく守るのではなく、進んで守るべきものなのです。

このような観点から、会社は様々なリスク要因を適切にマネジメントする仕組みを構築します。要点は法令をいかにして順守するのか（コンプライアンス、第十講）、会社の資産をいかにして保全するのか、財務の報告（第十四講）をいかにして正しく行うのか、安全・安心をいかにして担保するのかです。悪意によるものは論外として、うっかりミスによる場合であってもこれらが侵されるのはできるだけ予防しなければなりません。そのために、会社は組織の役割分担と責任範囲を明確にし、相互の適切な連携を図ります。業務プロセスを可視化（文書化）して、その中に潜むリスクを顕在化します。そして、第七講で説明したよきコミュニケーションのあり方や、ＩＣＴの活用などによる様々な仕組みを構築することによってリスクをマネジメント（統制と監視）するのです。その中で、何よりも大切なものは会社の目指すべき目的と目標の明確化と周知徹底（第四講）であり、社員一人ひとりの自覚と心構えであることは言うまでもありません。

リスクマネジメントには企業価値の毀損を回避するための守りの役割と、企業価値の向上に主眼を置いた攻めの役割があります。ここで企業価値にはブランドや組織力などの定性的なものと、株価時価総額や純資産などで定量的に計測できるものがあります。ない袖は振れませんが、多少の無理は承知で検討すべき攻めのケースがある一方、組織的あるいは個人的な思い入れが強い場合に、かえってそれによって判断を間違えることがないよう、冷静な守りの検討が必要なケースもあります。攻めと守りのバランスが肝要です。

一方、有名な「ゆで蛙」のたとえ話があります。蛙は熱い湯にいきなり放り込まれますと飛び上がって逃げだしますが、冷たい水の中に入れられてじわりじわりと温められますと、その変化に気付かずにいつのまにか茹《ゆ》で上げられてしまうというのです。同様に、企業にとって歴史と伝統に乗っかって何もしないのも大きなリスクです。環境がスピーディに変化しつつある今日、ゆで蛙のように致命傷を負うか、あるいは大きな機会損失をします。ノーリスクを決め込んで、天から降ってくる僥倖（ハイリターン）を待つのはリスクマネジメントではありません。

経済的なリスクアセスメント（リスク評価）の第一歩はリスクとリターンの比較・評価です。まず、予測される最悪の損失が企業やステークホルダーにとって許容可能な範囲に収まるものかどうかを考察します。リスクが顕在化する確率を予測することが困難な場合や、万一の確率が極めて小さくとも、その損失予想が異常に大きい場合（破壊的リスク）には慎重な判断がいります。一般的に「一か八か」という姿勢は企業活動には馴染みません。反対に、それほど大きな被害をもたらさないリスクの発現を抑えるために、「管理のための管理」で屋上屋を重ねるのは、かえってそのコストが負担となって合理的ではなくなります。バランス感覚が大切です。

通常のケースにおいては、失敗したときの損失の期待値（リスクの平均値）と比較して、成功したときの利得の期待値（リターンの平均値）が十分かどうか（期待効用）を算出します。投融資の場合はそのコストがリスクであり、期待収益がリターンです。投融資によって利益がいつまでにどれだけ増大するのかを予測・評価し、実行の是非を判断するのです。人材を採用するかどうかの判断においては人件費がリスクであり、期待される貢献がリターンということになります。私たちは日々意識的に、または無意識的にこのようなリスクに対するリターンの比較検討によって行動をしています。問題はそれに抜けや漏れがないかどうか、あるいは正確か不正確かということです。

ただし、全てのことを厳密な期待値の計算に基づいて判断すれば問題はないのかというとそう単純ではありません。確率とは確からしさの尺度であって、何度も繰り返せば「大数の法則」によってその割合に近付くという意味です。最初の一回、その次の一回が実際にどうなるのかを予測するものではありません。したがって、どのようにサイコロが振れてもよい覚悟を持っておくことが必要です。逆に、例えば宝くじは当選確率が非常に低くて、期待値の比較では購入することは不合理です。しかし、万一の場合のリターン（賞金）が大きい一方、リスク（くじの購入代金）の絶対値が低いので、多くの人々から受け入れられています。当選したらという夢（射幸心）もリターンの一つに数えればばつじつまが合うのでしょう。

自由主義経済の下ではチャンスが様々な形で広がる一方、それが予期しない形でリスクをもたらすことがあります。リスクとリターンは常に表裏一体の関係になっているという原則を理解した上で、私たちはバクチではない許容可能なリスクをとりながら適正・適切にリターンを得るべく努力しなければなりません。それによって、この厳しい経営環境を突破していくことこそが、企業人の責務であり面白みといえるでしょう。第八講で述べたように、リスクをとる前段における冷静な情報・データの収集・分析と、合理的な意思決定が大切となるのです。

三、安全・安心のリスクマネジメント

安全・安心に対する社会的ニーズはかつてなく強くなっています。安全・安心はリスクマネジメント上の重大な課題です。会社は消費者・利用者に安全・安心な製品・サービスを生産し提供しなければなりません。正しく使用してさえもらえれば問題はないと澄ましていることはできません。ひょっとすると起こり得るかもという誤使用に対しても想像力を働かせて、製品・サービスの構造と機能の工夫、品質の作り込み、および使用上の注意喚起に努めなければなりません。たとえ不都合の原因が外部から仕入れた製品、部品や材料にあったとしても、それを見逃して製造・販売し消費者・利用者に迷惑をかけると、生産者・提供者としての会社が最終的な結果責任を負います。

ところで、安全・安心と一括りでいう場合が多いのですが、製品・サービスの技術的な安全性の主

張と、それが与える感覚的な安心感とは必ずしも同じではないことに注意が必要です。安全性は生産者・提供者の論理であるのに対し、安心感は消費者・利用者の認識です。安全なものは必ずしも安心なものを意味しないのです。これらのギャップを埋めるためには、生産者・提供者は消費者・利用者との間に横たわる情報の非対称性（第七講）を埋める努力をし、説明責任を果たさなければなりません。また、製品・サービスの品質を謙虚に練磨することによって、信頼を積み上げブランド力を高めていかねばなりません。

安全と安心の観点から、製品・サービスにはフールプルーフ機能が大切です。フールプルーフとはポカよけです。例えば、電車の運転手がうっかりしていかにスピードを上げようとしても脱線させないように異常速度を検出して強制的に減速させる装置、株式のコンピュータ売買システムにおいて異常な数字が打ち込まれると警告をする仕組み、両手で二つのボタンを同時に押さないと動かないプレス（加圧）機械などです。また、万一の場合でもフェイルセイフでなければなりません。誤操作や誤動作が発生しても、その結果ができるだけ安全側に出るようにしておくことです。例えば、交通信号はどんな故障が起ころうとも、赤信号が青になってはなりません。石油ストーブは倒れると自動的に消火するように工夫されます。ブレーキは電源が切れた場合には、必ず閉じる方向に設計されます。これとよく似た概念としてフェイルソフトがあります。障害時の被害を最小限にとどめるものです。例えば、ジェット機のエンジンは一つが止まっても最低限の飛行は可能なように設計されています。コンピュータ・システムの故障で重要なデータが失われてしまうことがないように、常にバックアップをとっておくこともフェイルソフトの一例です。

もの作りにおける作業プロセス中には必ず一定の危険性が含まれています。適切に管理されないリスクは、遅かれ早かれ現実のものとなって表面化します。それを認識し対策の上、生命・身体の安全性を確保しなければなりません。そのために、まず予見可能な誤作業や誤作動を明確にし、危険の原因を同定し、そのリスクを評価します。その上で、それが許容可能な程度の小さな不都合のレベル以下になるまで、本質的な安全作業の手順を設計し、安全防護や安全対策を行わねばなりません。そして、なお残るリスクについてはマニュアルや研修によって歯止めをかけるのです。マニュアルの手順は厳守されなければなりません。しかし、それだけに頼って、発生した不具合の原因を簡単にヒューマンエラーで片づけてはいけません。仕組みとしての本質的な安全体制が確立されて、初めて作業者は安心して仕事に取り組め、その結果として効率が上がり品質が高まるのです。

安全・安心にかかわる問題で消費者・利用者やその他ステークホルダーからクレームを受けることがありますが、会社にとってその対応が重要です。消費者・利用者の生の声を軽視したり、対策に逡巡したりして意思決定を遅らせると、問題を大きくして取り返しのつかないことになります。自動車産業などでは人命がかかわる製品の性格上、しばしば製品のリコールが発表されています。製品・サービスの品質そのものと同等以上に、会社としてのリスク対応力が問われるところです。顧客、消費者・

利用者やその他のステークホルダーからの様々な意見に真摯に向き合うことこそが、製品・サービスにかかわるリスクマネジメントの基本といえるでしょう。

わが国の安全・安心に対する意識は産学、官民ともに国際水準から見て上位に位置していると思います。文化・文明の高さの表れと思えば大変喜ばしいことです。それだけに、これに反した場合、消費者・利用者の落胆は大変に大きく、製造者・提供者の評価は著しく損なわれます。心して丁寧に慎重に対応していきましょう。

四．小さなトラブルと大きなトラブル

会社は製品・サービスの品質の向上、コストの低減、デリバリ（納期）の短縮を絶えず追求し続けます。その中で、思いがけない不測の事態によって、様々な障害やトラブルが時として起こり得ます。しかし、これらを全く予期できなかったのか、想定外であったのかと問われると、否です。たとえ、一見不測の事態に見えるものでも、元を辿ればそこに人為的な瑕疵が潜んでおり、細心の注意さえ払っておれば防げたものが数多いはずです。「負けに不思議な負けなし」と言いますが、事故やトラブルにおいては「起こって不思議なものはない」と心得るべきでしょう。

マーフィの法則は私たちに「起こり得ることは、必ず起こる」と戒めています。そして、若干の皮

肉をこめて「それは、最も起こってほしくないときに限って起こる」「それは忘れた頃にやってくる」というのです。いつも持ち歩いている傘をたまたま忘れたときに限って雨が降りますし、母親が食事をとろうとしたときに限って赤ん坊は泣き始めます。平穏無事なときにこそ油断をしないで万一の事故の予防に努めることが大切です。また、その備えを大事が起こった後の下手な反省会のような一過性のものにするのではなく、恒久的に継続する仕組みとして整えねばなりません。

ハインリッヒの法則によれば、一つの重大トラブルは約三〇の中規模トラブルの中から生じます。そして、その背後には約三〇〇の小規模トラブルがあるといいます。起こり得ることは、必ず起こるのです。労働災害、交通事故、機器の故障、システム・プロセスの障害や誤使用などいろいろとありますが、重大トラブルには必ず前兆があります。ヒヤリ・ハット（突発的事象やミスにヒヤリとしたり、ハッとした経験）情報を大切にし、小規模トラブルを徹底して予防し対策を施すことが中規模や大規模トラブルを未然に防止するための王道です。「よくあること」を思い込みや油断によって「えらいこと」にしてはなりません。「何とかなる」ことは客観状況の違いによっては「何ともならない」ことになります。そのために、小規模トラブルをよくあることと見逃したり、何とかなると油断して対策を遅らせたりしてはならないのです。普段から、「三現」、すなわち「現場・現実・現物」を重視し、小さなトラブルを積極的に拾いあげる姿勢が求められます。もしもヒヤリ・ハットに遭遇すれば、「三即」、すなわち「即座・即時・即応」で改善の手を打たねばなりません。そして万一の大きなトラブルが発生した場合には、「三徹」、すなわち「徹頭・徹尾・徹底」して再発を防止することが大切です。ちなみに、「三現・三即・三徹」はトヨタのJIT生産方式のスローガン（標語）として掲げられています。

それでも、大きな災害は突然にやってきます。その備えが事業継続プラン（BCP）です。企業が災害などによるリスク発生時に、顧客や取引先に対して製品・サービスを提供できなくなる状況を最小限にとどめ、何とか事業の継続を図ることを目的とする危機管理のための経営手段です。BCPにおいては重大な危機発生後にも企業の能力を極端に落ち込ませることなく、必要な最低限の能力は維持するように事前に備えます。そして、一刻も早く復旧させ、時の経過とともに企業能力を一段と向上させるように普段から工夫しておくのです。そのために事前に様々な危機と事態をシミュレーションし、建屋の強度アップ、設備や情報・要員のバックアップ体制、部品や素材の入手ルートの多重化や適正量の在庫などの体制を構築します。その上で、適宜、訓練しておくことが大切です。このような様々な備えはある意味で効率追求と矛盾するように見えますが、BCPの観点からは冗長性が適度に必要となるのです。

小さなトラブルを放置しておくと、「二葉にして絶たざれば斧を用うるに至る」の格言どおり、大事になってしまいます。トラブルの芽を二葉のうちに摘んでおくことによって大きなトラブルを予防するのです。それでもわが国のみならず世界のいたるところで避けられない天災に見舞われます。その場合でも、事業がたちまちのうちに立ち行かなくなることがないように、普段からの備えが肝心です。

わが国は地震や津波などの自然災害を数多く経験しています。それだけに、リスクマネジメントの大切さは身にしみて分かっているはずですが、うっかりするとリスク慣れして何とかなるとの油断が無きにしも非ずではないでしょうか。

若い読者の皆さんはこれからの長い人生において様々な不都合に遭遇することでしょう。どうか自身ならびに周りの人々や組織にかかわるリスクマネジメントの仕組みをしっかりと構築し、維持し、向上させてください。そして、ピンチをチャンスに変えてください。

第十講

コンプライアンス

本講では近年ますます強く求められるところとなったコンプライアンス（法令順守）について述べます。

会社などの団体においてはお家大事とばかりに組織特有の論理がまかり通って、うっかりするとそれが一般社会の常識や顧客の感覚とずれを起こすことがあります。経営者や社員が保身や自己の利益のために社会の規範を踏み外したり顧客の利益を損なったりすることがあります。

自由な経済・社会は参加者が一定のルールに従ってこそ初めて成り立ちます。私たちには自由な経済・社会活動の場が与えられる一方、他方で社会人・企業人として公正・公平な姿勢が求められます。フリーでグローバルなビジネス活動の場が開かれる一方、他方で国際人としてフェアでオープンな行動が求められます。

一．コンプライアンスとは

企業のコンプライアンスとは、事業を行う上で関連する様々な法令（国の法律、行政による命令、自治体の条例、裁判所の規則）を順守し、社会の倫理規範に従って、法人として、また良き企業市民としての責務を果たすことをいいます。一人ひとりの組織員は正しくコンプライアンスに向き合って行動しなければなりません。

企業人の使命は高い性能と品質のよい製品・サービスを、早く（短いリードタイムで）、かつ競争力のあるコストで顧客に届けることです。そして、適正な価格でもって顧客に購入いただき、利益を生み出して株主を初めとするステークホルダーに貢献することです。そのため自由な競争の下で、様々な創意工夫を発揮することが求められます。しかし、その努力を怠り、結果だけを拙速に追い求めて、仕事のプロセスを手抜きしたり内容を歪めたりして、一般社会の常識や法令を踏み外してはいけません。たとえそれが私利私欲から出たものではなくて、会社や組織のためということであったとしても、社会や顧客に無用な不利益を被らせることになれば、社会的・法的に厳しく罰せられます。

一般に、たとえ善良な人間であっても組織の中では無責任になり、集団で人の道に反する行為に及んでしまう傾向があります。路上に捨てられた一つのゴミを放置しておくと、その傍に次々にゴミが捨てられて、やがて大きな山になってしまいます。たとえ犯罪行為にまで至らないとしても、私たち一人ひとりの中にあるちょっとした油断や身勝手さが組織の中で増幅されて、いつの間にか取り返しのつかないことに発展してしまう危険性は少なくありません。ウイスキーのテレビコマーシャルで、「なにも足さない。なにも引かない」というのがありました。ウイスキーの純正さを強調したものです。私たちの仕事や製品・サービス作りにおいても、純正なありのままの姿で社会と顧客に受け入れていただけるものでなければなりません。

組織の責任者には会社のためという勘違いの下で、世間に対する迷惑をかえりみずに、組織の成績を上げて自分の力を周囲に誇示したいという権力欲が働きがちです。その中で仕事に従事する人には組織のためという弁解の下で、顧客に与える不利益をかえりみずに、自分の成績を上げて組織における存在を高めたいという我欲が生じがちです。仕事が忙しいときほど当たり前の感覚を失わずに、事の良し悪しを公正・公平、客観的に判断できるように、普段から心がけなければならないでしょう。一人ひとりが「人徳」を積むことによって、組織としての会社の「社徳」が形成されていくのです。

社会人になったばかりで「コンプライアンスのことを十分には理解していませんでした」という事後の言い訳は企業人として許されません。経験を積めば確かに法令に関する知識は自然と増えるでしょうが、むしろ仕事に対する馴れや油断によって危険な場面が増える恐れもあります。どうか皆さんは若い今のうちにこそ、コンプライアンスの大切さをしっかりと勉強して身につけてください。

二、企業にかかわる法律

会社などの団体は法律上、法人として扱われます。法の下において人とみなされ、権利と義務を課された主体です。人が自然人として定められた法令に従わねばならないのと同様に、会社は法人として企業活動にかかわる法令に従わねばなりません。会社の経営者および社員はそれを守らなければなりません。

会社および経営者を律する法律として、まず会社法があります。商法をベースに独立法典化されたもので、企業価値を高め株主の利益を最大化することに資するためのものです。加えて、公開会社（株式を市場に公開する会社）には投資家保護のために金融商品取引法が適用されます。その他、発明・発見を保護し奨励するための知的財産関連法、過度な事業独占や不当な談合などで社会や顧客に不利益を被らせることを取り締まる独占禁止法、労働に関する諸条件を規定した労働関連法などが定められています。コンプライアンスの前提は、まずこれらの法律の基本的な趣旨・目的を理解しておくことです。

商法は経済上の商行為、すなわち生産者と消費者との間で有形、無形の財貨を交換するためのあらゆる営利行為を対象とする法律です。ほとんどの取引関係には第一義的に本法律が適用されます。

会社法は一連の商法改革の締め括りとして商法から切り離して法典化され、二〇〇六年から施行されました。会社経営の機動性、柔軟性および健全性を担保することを狙いとするものです。組織の再編、証券の発行、剰余金の分配などの条文が改正され、会社の設立（起業）の促進、ガバナンス（企業統治）の強化、増配や株式分割などの株主還元の多様化などが図られました。また、定款（会社の基本的な規則）をベースに経営者の判断で経営を行う「定款自治」の拡大が進みました。四半期（三カ月）配当の実施が可能となり、株主はこまめに配当を受けられるようになりました。全体として、経営者による自由裁量を広げる一方、ガバナンスと内部統制（管理体制）を強化することによってバランスがとられています。

金融商品取引法は証券取引法等が二〇〇六年に改正され、名称が改められたものです。投資家保護の徹底と金融・資本市場の国際化への対応を図るものです。投資性の強い金融商品を幅広く対象としています。大株主による会社支配の透明性・公平性を確保するために、公開買付の開示制度や株式の大量保有報告制度が整備されました。財務報告にかかわる管理体制の強化や開示書類の虚偽記載およびインサイダー取引（後述）の罰則強化などが主内容として盛り込まれました。

特許法など知的財産関連法は有用な発明・意匠・商標・著作権などを保護し奨励するための法律です（第十二講）。知的財産に関する係争についての裁判の充実および迅速化を図るため、知的財産を専門に取り扱う知的財産高等裁判所が二〇〇五年に設置されました。

独占禁止法は、「官から民」への大きな流れを確実なものにするために、二〇〇六年から大幅に改正され施行されました。談合などの違反に対する課徴金を引き上げるとともに、これまでわが国では馴染みの薄かった考え方として、自主申告した会社は課徴金を減免するという制度（リニエンシー）が導入されました。米国のいわゆる司法取引にならったもので、談合の告発を奨励し、一定の抑止効果を上げています。

労働関連法は労働に関する諸条件を規定している法律であり、その中心に労働基準法があります。労働組合法、労働関係調整法とともに労働三法を構成しています。一九八七年の改正により週四〇時間労働制、変形労働時間制、裁量労働制（研究や営業などの専門職に対して、労働時間の制約を設けず業績に応じて給与を算定する制度）、フレックスタイム制（一定の制約の下、労働者の裁量で勤務時間を選択する制度）などが導入されました。

労働組合法は労働者（社員）が使用者（経営者）との交渉において対等の立場に立つことを担保するものです。具体的には、労働組合の結成権の保障、使用者との団体交渉や労働争議に対する刑事上・民事上の免責要件などを定めています。労働関係調整法は労働組合法と相まって労使関係の公正な調整を図り、労働争議を予防しまたは解決することを目的とします。

その他、企業活動に関する法律として、公正な納税を義務付ける法人税法、事業者間の不正な競争を防止するための不正競争防止法、自然環境を保護することを目的とした環境基本法および関連法、安全・安心に関する消費生活用製品安全法（消安法）や建築基準法および関連法があります。また近年は、高度情報社会で高まる情報リスクに対応した個人情報の保護に関する法律（個人情報保護法）への関心が高まっています。

以上のとおり様々な法律がありますが、それらに抵触せずにいかにうまく立ち回るのかを考えるのではなく、それらがよって立つ基本の精神をしっかりと読み取って正しい仕事の作法を身につけてください。そして正々堂々としたそれぞれの仕事の流儀を確立していきましょう。

三、コンプライアンス違反と罰則

近年、コンプライアンスに対する視線が大変厳しくなっています。コンプライアンス上の問題は経営者に対するガバナンス（企業統治）が有効に働かない、社員の社会的責任の意識が薄い、そして組織としてのリスクに対する備えが弱い場合に発生します。悪意の有無や金額の大小とは関係なく、上述した法律や法令に照らして適法か違法か、社会的な規範に基づいて正義か不正義かによってその是非が判断されます。コンプライアンス違反は、司法的、行政的な罰則を受けるのみならず、企業不祥事として社会的に糾弾されます。罰則は従来に増して厳しく広範囲に及びます。司法による刑罰をはじめとして、行政による指名停止や営業停止、公正取引委員会による課徴金、発注者からの違約金、そして株主代表訴訟による賠償金が課せられます。大きな事故、公害や健康被害の原因を引き起こした場合には、個人や団体から甚大な損害賠償を請求されます。

コンプライアンスの違反事例としては、粉飾決算、インサイダー取引、脱税、食品に関する偽装・不当表示、強度偽装、談合、許認可にまつわる不正、事故の隠蔽、違法な雇用など、枚挙に暇がありません。粉飾決算とは会社の売上げや利益を実際よりも過大に見せたり、不良資産を隠したりして投資家を欺く行為です。インサイダー取引とは正規に会社の情報が開示されて一般の投資家が知る前に、立場上知り得た情報を基に株式の取引を行い、不当な利益を得る行為です。偽装・不当表示とは商品の原産地などをごまかしたり、賞味期限を偽ったりして不当な利益を得る行為です。談合とは業界内で受注調整をして公正な市場競争を制限し、不当な利益を得ることです。許認可にまつわる不正とは企業活動や営業活動を行う際に虚偽記載などの不当な手段によって行政の許認可を得ることです。事故の隠蔽とは労働災害、業務上の過失傷害および製品の瑕疵に伴う事故を隠蔽するものです。違法な雇用とは不正に雇用したり解雇したり、不当な労働条件を強いたりすることです。このような雇用を疑われると「ブラック企業」などと指弾されます。

欧米の企業はコンプライアンスに関して非常に厳しく自らを律しています。例えば、同業者による標準化や安全などにかかわる協議や会合の場において、いわゆる談合疑惑を持たれないように細心の注意を払います。その点、わが国の企業や業界は比較的に脇が甘く、時折、欧米の当局から巨額のペナルティを課されています。このような現実を前にして、わが国も不正な商取引に対する厳格さに関して欧・米に肩を並べるようになってきました。企業自身の行動も国際的なコンプライアンス基準に合わせて変わりつつあります。国家の品格の向上に伴って、企業ならびに企業人もそれにふさわしい品格を備えるようになってきたのです。

組織や個人の不正な利益の追求や不利益の回避のために、ステークホルダーの権利を侵害し利益をないがしろにしてはなりません。たとえ違反が一個人によるものであったとしても、当の個人が人生を台無しにするのみならず、会社の信用やブランドは地に墜ち、場合によっては衰退や倒産の危機に立たされます。コンプライアンスに対する一人ひとりのあらためての自覚が求められるところです。

四．コンプライアンスのための経営の仕組み

コンプライアンス違反の根本原因には、誤った会社主義、すなわち会社に対する過度の依存や防衛本能、および誤った儲け主義、すなわち組織として個人としての法外な儲けの追求や損失の無理な回避などがあります。また、不都合な結果の隠蔽など組織や個人の自己保身が原因しているケースがある一方、法令の解釈違いや手続きの誤りといった単純ミスが結果として咎《とが》められるものもあります。いずれにせよ、コンプライアンス違反は個人の不始末としては片づけられません。企業として、また

組織としてステークホルダーに対し重い責任を負っているのです。

コンプライアンス違反を防止するための経営の仕組みは会社の内部統制（管理体制）の中核を担います。企業の社会的責任（ＣＳＲ）が企業に対する加点を求めるミッション（使命）の一つとすれば、コンプライアンスは減点を防ぐためのミッションの基本です。

コンプライアンス経営のために、トップマネジメントは正しい価値観を社内に明確に示し、風通しのよい企業風土作りを目指します。その中で、全組織と全社員は法令や規範を正しく守ること（法的責任）、社会に対する法人としての義務を果たすこと（社会的責任）、および人としての道を守ること（道義的責任）をしっかりと意識して業務にあたるのです。

その一環として、会社はコンプライアンスを基本として役員、社員が守るべき行動規範を定め、教育・研修によって啓蒙を図ります。例えば、人命の最優先・人権の尊重のために安全な作業環境と手順を確立すること、消費者・利用者に安心して使用いただける安全な製品・サービスを提供すべく最善を尽くすこと、株主や金融機関などのステークホルダーから預かった資金や資産を最大有効に活用して利益を生み出し還元することです。また、取引業者に対して優越した立場を利用して契約を無視したり不公正な取引をしたりしないこと、自由・公正な競争による本来の競争市場を業者間の談合によって破壊したり不当な利益を得たりしないこと、様々なインフラの提供を受けている地域社会と共存共栄し迷惑をかけないことなどです。会社および社員はこれらの基本姿勢を反芻《はんすう》・確認し、実際の行動に移していくのです。

また、トップマネジメントはガバナンスをきちんと働かせて自らを律するとともに、組織を正しく機能させるための管理体制を構築します。会社の規模にもよりますが、例えば監査役や顧問弁護士に監査を依頼したり、監査室などの専門部署や専任担当を置いたりします。人事上の注意として、特定の人に長期にわたって同じ仕事を任せきりにせずローテーションすること、上級職によるダブルチェック体制をとること、罰則規定を明確にして規律を高めることなどによって間違いの防止を図ります。また、社員が利用しやすい内部通報の仕組みによって、自浄能力を高め、問題の芽を摘み取ります。

仮にもコンプライアンス違反の兆候が現れて疑義が生ずれば、組織として真摯に、迅速に対処・対策を講じなければなりません。また、不幸にもそれが現実となってしまった場合には、違反の種類や大きさによってトップマネジメントまたは幹部、あるいはその委嘱を受けた委員会などは、その原因を検証し、是正し、再発防止をするとともに、ステークホルダーに対してきっちりとした説明責任を果たしていかねばなりません。

法令を守りさえすればよいというのではありません。会社のルールに従ってさえおればよいというのでもありません。それらの前提には人として、また法人としての基本的な倫理があります。倫理的な行動から本当の意味のコンプライアンスと、顧客・社会満足が始まるのです。私たち一人ひとりが自身の頭と心でコンプライアンスの真の意味合いを理解し、それに正しく向き合う倫理的な行動様式を確立していきたいと思います。

ちなみに、小松製作所のコンプライアンス五原則を挙げてみますと、「どんな状況でもルールに反したことをしない」「ルールを知る」「繕ったり隠したりしない」「ルール違反は報告し」「即時是正と再発防止をする」です。キヤノンではコンプライアンス教育の一環として社員に次のように問いかけているとのことです。すなわち、「法律・ルールに触れませんか」「うしろめたさを感じませんか」「家族や大切な人を悲しませることになりませんか」「報道されても胸を張っていられますか」「社会に迷惑をかけませんか」「ブランドを傷つけませんか」というものです。私たちもしっかりと心に留めたいと思います。

コンプライアンス違反の指摘や指弾を受けてから、法令に対する無知を嘆いても後の祭りです。私腹を肥やすためではなく、会社のためにやりましたなどという言い逃れは、一般社会には通じません。コンプライアンスにおいては若気の至りは許されないことをあらためて肝に銘じてください。

しかし、皆さんは法律の専門家ではない限り、法令を一から十まで諳《そら》んじなければならないというわけではありません。法令の基本的な精神をしっかりと理解した上で、自らの良心に従って判断し行動すれば、大きくそれを踏み外すことはないでしょう。正々堂々と胸を張って仕事に取り組んでください。

第Ⅲ編 仕事の実践

会社の事業活動は経営戦略の下で様々な部門の連携とプロセスの連鎖によって行われます。各部門およびプロセスはそれぞれ固有の責務を果たしながら、会社全体の目的と目標を共有し、その達成に向けて整合的に連動します。

皆さんはいずれ何らかの仕事に就き、その職責を果たすことになります。その時に他部門あるいはプロセスとの連携と連鎖のあり方をよく理解した上で行うのと、そうでないのとでは、仕事の効率と品質の面で大きな差が生じることになるでしょう。

第十一講

マーケティングと営業

本講では顧客・社会によい製品・サービスを届けて満足をいただき、そして収益を上げるためのマーケティングと営業のあり方について述べます。

顧客満足（CS）は価格に対する価値で左右されます。CSの向上を分母の価格を下げることだけに頼ると収益性が圧迫されますので、分子である価値による競争力の向上にも力を入れなければなりません。すなわち、マーケティング力の発揮です。

一方、収益性は原価に対する価格の中から生み出されます。分母の原価はもの作り力によりますが、分子の価格の鍵を握るのは営業力です。営業力とは製品・サービスの競合企業との差異化ポイントを顧客から適切に評価いただく力です。

一．顧客・社会満足

これまで多くの企業は規格品をいかに安く大量に作るかに力点を置いて、もの作りの現場力を磨いてきました。しかし、社会の成熟化に伴って、消費者・利用者の価値観は多様化し、かつ高度化してきました。顧客・社会満足を得るためには、いかに作るか（ハウツー）に代わって、何（ファット）を提供するのかが、より重要になってきたのです。

元プロ野球投手で前人未到の四〇〇勝を挙げた金田正一さんは「お客様は神様です！」という名セリフをしばしば口にしていました。もちろん、「触らぬ神に祟《たた》りなし」とばかりに顧客（ファン）と距離を置くという意味ではありません。ファンの期待（ニーズ）に応えて喜んでいただくという徹底したプロ根性をアピールしたものです。一方、欧米では「お客様は王様」という表現があります。顧客は時として気まぐれでわがままになることがありますが、それに「背かず逆らわず」にしていればよいという意味ではありません。顧客のわがままを前向きなニーズとしてとらえ、これに自らの得意とするシーズ（種）でもって能動的に応えていくことの大切さを示唆したものです。

一般的に、マーケティングと営業の常識はニーズオリエンテッド（ニーズありき）です。一方、かつてノーベル生理学医学賞を受けたアーサー・コーンバーグ博士は「必要は発明の母」の前後を入れ替えて「発明は必要の母」と唱えました。科学者としてシーズ・オリエンテッド（シーズありき）の意義を強調したものです。植物と動物が酸素と二酸化炭素をやりとりしながら互いに成長していくように、私たちも顧客・社会とニーズ・シーズをやりとりすることによって相互の満足度を高めていかねばなりません。顧客・社会からニーズをいただき技術シーズを磨く一方、新たな技術シーズによって顧客・社会の潜在したニーズを顕在化させていくのです。顧客をよきパートナーとして、このような双方向の関係性を作ることこそが顧客・社会満足を実現するための鍵といえるでしょう。

したがって、それに携わる組織と人材には優れた情報の受信力と発信力の双方が求められます。そのためには、顧客関係の最前線に立つ営業担当と、技術領域の第一線で活躍する開発担当との間で、相互に異なる感性を尊重し合いつつ、緊密にコミュニケーションすることが大切です。また、それをベースに事業に伴うリスクとリターンを評価し、よりよい意思決定を行うことが求められます。そのためには、経営戦略を担う経営層と、事業戦略にかかわるマーケティング担当とが、相互の立場を理解し合いつつ、密接に意思疎通することが重要です。

一方、会社は収益性が見込めないという理由でこれまで取り残してきた社会的なニーズに応えることも忘れてはいけません。現時点での直接的な利益を追求するだけではなく、将来のよりよい社会の実現に貢献することを通じて、会社の永続的な存在価値を高めていくのです。例えば地球環境に配慮して長持ちする製品、初めからリデュース、リユース、リサイクルのしやすさを考慮したものなど、利益至上主義の下で軽んじられてきた価値を提供するのです。それはやがて会社の新たな事業の芽を育てることにつながるでしょう。社会の変化と技術の動向の双方に注意を払いつつ、持てる経営資源を活用して何ができるのか、不足している経営資源をいかにして強化するのかを考え続けることが大切です。

顧客・市場の嗜好は絶えず変化し続けます。会社は過去の成功体験にいつまでも浸っているわけにはいきません。様々な動きに対して感度の高いアンテナを張るとともに、その変化に柔軟に適応できる組織と人材のあり方が求められます。その中で若い皆さんが活躍できる場は確実に広がっています。

二．マーケティングのあり方

著名な社会・経営学者であるピーター・ドラッカーは「企業の目的は顧客の創造である。したがって、企業は二つの、そして二つだけの基本機能を持つ。それはマーケティングとイノベーションである」と述べています。マーケティングとは単なる広告・宣伝のことではありません。時代の流れを読み市場の動きを感じつつ、何らかのアイデアを製品・サービスとして実現し、そこから生まれる新たな価値を市場と顧客に効率的に届けるための重要な事業戦略です。マーケティング・ミックスと呼ばれる製品・サービス（プロダクト）、価格（プライス）、販売促進（プロモーション）および物流（プレイス）の四つの〝Ｐ〟から成る優れた仕組みの確立です。顧客・市場が求める事業や商品・サービスを企画・開発し、より効果的に提供するために販促・広告し、適切な価値・価格と効率的な流通によって提供するための統合活動です。優れたマーケティングとは、その継続的な活動によって顧客・社会満足を得て業績の向上を図るとともに、構造的な競争優位を確立して将来的な企業の発展と成長を期すものです。

マーケティングのプロセスは、一般に市場および顧客ニーズの調査分析に始まり、新製品・サービスのコンセプトの企画・開発、商品化活動、販売促進・広告計画、そして物流の確立へと続きます。市場および顧客ニーズの調査分析においては、外部のマクロな環境としての社会・経済と産業・技術の変化、およびミクロな動向としての市場・顧客の嗜好や競合メーカーの製品・技術に注目します。そして、それらと内部要因、すなわち経営方針および人材、技術、資金などの経営資源との適合性の検討を行います。

その一手法としてハーバード大学ビジネススクールで開発されたＳＷＯＴ分析は、市場の機会と脅威と、それに対する会社の強みと弱みの組合せによる四つの切り口で現状を分析して、事業や製品・サービスの戦略の方向づけをするものです。

新事業や新製品・サービスの企画・開発においては、それが市場と顧客にどのようなメリットを与え得るのかを探索しながら、競争力のあるコンセプトを提案し、提供していかねばなりません。その際、市場と顧客をただ漠然と眺めるのでは非効率です。市場を適切にセグメンテーション（分類）して、それぞれの購買層の期待を探索し、その中から自社の事業力または技術力が最も力を発揮できるターゲット（標的）を選択していかねばなりません。その上で、開発する新製品・サービスが競争優位を発揮するか、あるいは無益な競争を回避できるように、うまくポジショニング（特徴づけ）していくのです。

北京オリンピックの競泳では、国内外のほとんどの選手がイギリスのスピード社製の水着「レーザー・レーサー（LR）」を着けて相次いで好記録を出しました。これが話題となって百貨店などで水着売り場が熱気を帯び、同社製のものが国内メーカー品の三倍の値段がするにもかかわらず引っ張りだこになりました。LRはオリンピックという市場セグメントにターゲットを定め、スピードの追求という一点にポジショニングして大成功を収めたものといえるでしょう。

研究・開発者は必ずしも市場の状況、顧客の声や業界の動向に精通しているとは限りません。時によって、ニーズの有無に無頓着に、技術の高さやユニークさを追求する傾向があります。したがって、市場のアンテナ役としてマーケティングや営業担当の役割に期待がかかります。その場合、市場の情報や業界の動向について、聞こえてきたもの見たものをただ受動的に取り込むのではなく、自ら働きかけて能動的に情報を得ていくことが大切です。例えば、市場動向に関して仮説を立て、事業や製品・サービスを開発部門と一緒に企画・開発し、結果を検証するという形の積極的な関与が求められます。

開発された製品・サービスは、市場に出す前にコスト、品質、性能およびデザインに関して徹底したレビュー（検証）を行うことが重要です。功を焦って最初のボタンをかけ違えると、企業業績に悪影響を及ぼすのみならず、リコールなどで顧客・社会に迷惑をかけることとなります。新製品・サービスの販売促進の手段としては、マスメディアやチラシによる広告・宣伝、ウェブサイトの活用、営業担当による直接対話などがあります。実際以上の虚像を見せる必要はありませんが、少なくとも実像はしっかりと伝えるように努力しなければなりません。

新製品・サービスの価格は、通常、市場の動向、製造コストや競合する製品・サービスの価格を総合的に勘案して決定します。しかし、基本的にはその価値にふさわしく設定することが重要です。機能と品質によるブランド価値にふさわしい価格設定ができれば、いわゆる「ハロー（後光）効果」によってその価格は機能と品質の高さの証明と映り、ますますそのブランド価値を高めていきます。どのメーカーでもよいという顧客よりも、そのようなブランド価値を買ってくれる顧客の方が会社の利益に対する貢献度が圧倒的に高いのです。特に買い手がある程度特定されている場合は、価格は上方硬直的です。競争上、やむを得ないケースも多々ありますが、価格をいったん下げると、何らかの特別な要因でもない限り元には戻し難いことに注意が必要です。

また、新製品・サービスを効率的に市場に提供するためには優れた物流の仕組みを確立しなければなりません。生産地点から使用・消費地点までの効率的・合理的な流れを作るとともに、その間の取扱店や在庫・出庫および搬送に関する情報を総合的に管理する情報システムを用意するのです。

売上げやシェアに代表される量の拡大は製品・サービスの質の向上、すなわち顧客・市場の評価を高める努力と並行して進めなければなりません。量のみを追い求めて薄利多売に走りますと、やがて評判を落とし量そのものも急落させる恐れがあります。顧客が求め、会社が応えるべき質は、企画提案力、設計・生産力、施工やメンテナンスの技術力などから生み出されます。それらを総合的に調和させ改善していく活動がマーケティングともいえるでしょう。その第一歩は、それに携わる一人ひとりが顧客の立場に身を置いて感性を働かせることです。顧客の視点に立って製品・サービスを見つめ、自分の中にある顧客の声に耳を傾けることです。

〝顧客〟の〝顧〟を、〝個人〟の〝個〟に置き換えて、「個客」という言い方があるように、顧客にはそれぞれの個性があり様々な要望や願望を持っています。その広がりに対して、どれだけ柔軟に応えることができるか、それをいかに効率的に先導していけるかが、これからのマーケティングの成否の鍵を握っています。

三、営業のあり方

実際に製品・サービスの販売を通じて顧客に価値を届けるのが営業です。その使命は、持てる営業インフラ（製品・サービス、組織、人材、システムなど）を効果的に活用して顧客・社会満足を得るとともに、市場における売上げとシェアを伸ばして利益を上げることです。売上げ・シェアと利益は営業成果の量と質に相当します。量だけに目を奪われると質を忘れ、質ばかりに拘泥すると量が求められません。野球でもホームランだけではなかなか勝てませんが、かといって犠打ばかり打っていても大量点を取れない理屈です。このような二律背反を克服して会社の総合的な付加価値を上げることが営業の役割です。

営業には顧客に買っていただくものが三つあります。すなわち、人、製品・サービスおよび会社です。人とは顧客と直接的に接する営業やサービス担当のことです。営業・サービスは優れて人的な要素の強い仕事です。顧客から誠実さを評価し信頼感を持っていただき、〝人となり〟を買っていただかねばなりません。その上で、コンペティター（競争相手）との競争に勝ち抜くために、状況に対する読みと判断、意思決定力、迅速な行動力、そして最後まで諦めない執念が求められます。製品・サービスについては会社と顧客の間に一定の情報の非対称性（第七講）があり、一般的に顧客は十分な知識を持っているとはいえません。したがって、顧客のニーズに応じて、製品・サービスに関する有益な情報を的確に提供し、その価値と価格を認めた上で買っていただかねばなりません。そのために営業・サービス担当は他社と自社の製品・サービスの強みと弱みをしっかり理解しておく必要があるでしょう。会社を買っていただくための第一歩は会社に対して確かな理解を持ってもらうことです。会社の実像をしっかりと訴求していかねばなりません。広報・宣伝にお金を使う方法もありますが、基本的には品質、機能、デザインで優れた製品・サービスを提供することによって顧客の評判を得て、会社のブランド・イメージを高めていくのがビジネスの王道です。

営業力の成果である受注シェアはマーケットにおける販売チャンスへの参加率（引き合い率、あるいは来店率）と、その捕捉率（成約率、あるいは購買率）の掛け算で決まります。参加率の向上のポイントは会社や製品・サービスのブランド力および様々なプロモーション効果です。その中で、販売代理店は地域の人的ネットワークを活用した情報の入手や、顧客を同じくする他の製品とのシナジー（相乗）を期待できる有力な戦力です。成約率は販売力および価値競争力と価格競争力によって決まります。価値競争力とは顧客から見た製品・サービスの価値が価格に対して満足いくものかどうかであり、価格競争力とは原価の水準が市場価格に対して十分な利益を生み出せるものかどうかです。

営業力には営業（販売）担当のモチベーションが大きな要素になります。営業にとって企業間競争の最前線は勝ち負けがはっきりして極めて厳しいものがあります。そこで、業種・業態にもよりますが、一般的にこのような営業活動を鼓舞し支援するために様々なインセンティブ（動機づけのための報奨）が用意されます。しかし、営業担当としてはそれを仕事の目的と化してしまって個人プレーに走るのではなく、成功および失敗経験から自ら多くを学ぶとともに、チームとしての力を高めていくきっかけにするという基本姿勢で臨むべきでしょう。

営業力の強化に対する阻害要因は結果オーライ主義、個人営業による成功の体験頼み、および多忙による言い訳慣れです。その解決策として営業ノートなどによる「ホウレンソウ」（第八講）の徹底や、情報システムの活用があります。市場調査、販売計画、顧客アプローチ、提案、そして成約という営業の各プロセスにおいて組織内で情報を共有し相互に支援するのです。個人営業から組織営業へ、行動力一点主義から事例の共有やデータベースの活用などの情報力を伴った営業力の発揮への転換です。個人の経験を集約して組織の知恵にまで高めることによって、オンザジョブに頼りがちな営業の人材教育のレベルを引き上げ、新人の早期戦力化や他部門とのよき連携を可能にします。ただし、情報システム化には若干の手間とコストを要します。組織内で目的意識をしっかりと固めておかねば、尻すぼみに終わりますので注意が必要です。

米国のダンカン・ワッツ氏が「スモール・ワールド（小さな世界）」という概念を提唱しました。実証研究によれば、知人の知人、そのまた知人という形で人と人の関係をせいぜい六回もつないでいけばアメリカ、ヨーロッパはおろか、アフリカに至るまで世界中のどんな人とも知り合いになれるそうです。ちょっと信じ難い気もしますが、人と人の関係は意外にうまくつながっており、その気さえあれば必要な顧客関係は容易にリンクできることを意味しています。人と人、会社と会社の間にできた様々な縁《えん》を大切にし、強化し、広げていくことが真の意味での営業力となり財産となっていくのです。

営業の使命は、〝創客〟〝増客〟〝固客〟作りといわれます。創客とは新規の顧客開拓、増客とはこれまでの顧客層の拡大、固客とはリピーターの確保です。営業担当は失敗の確率が高く難しい創客や増客よりも、どちらかといえば気楽な固客に目を向けがちです。固客からは確かに当面の成績を収めることを期待できますが、増客を忘れると今後の成績を上げることができません。創客がなければ将来が危ぶまれます。三者のバランスが大切です。重層的な顧客との関係を積極的、創造的な姿勢と長期的な視点から築いていきましょう。

どんなに素晴らしいイノベーション力を持っていても、マーケティングが描ければそれを優れた製品・サービスとして具体化できません。どんなに優れた製品・サービスを用意しても、それを顧客に届ける営業力がなければ売上げや利益としての成果は得られません。

マーケティングと営業に関しては、第Ⅱ編でお話しした人間力、コミュニケーション力をしっかりと研鑽しフルに発揮してください。会社を代表して顧客・社会に接するとともに、顧客・社会を代弁して会社の各部門に対してしてください。

第十二講

開発と知的財産

本講では新製品・サービスの開発のあり方と、それを戦略的に守り活用する知的財産管理について述べます。

新製品・サービスの開発はマーケティング活動と連動して得た社会、市場、顧客に関する情報をもとに、作り込むべき機能、性能、デザイン、コスト、品質などを決定し、持てる開発リソース（開発資源）を活用したり外部機関と協働したりすることによって行われます。顧客の視点に立って製品・サービスを見るとともに、営業や製造などの現場の声に謙虚に耳を傾け、それに丁寧に、かつ創造的に応えていくことが期待されます。

戦略的に知的財産マネジメントを展開し、特許によって製品・サービスのオンリーワンを主張できれば、事業としてのナンバーワンへの道は自ずと開けてきます。

一．よい製品・サービス

現役当時、ある顧客から「一〇秒か二〇秒で、この製品を購入したいと思わせる説明ができないか」と問われて一瞬とまどった経験があります。シリコンバレーの成功物語の中に「エレベータ・トーク」という言葉があります。起業家が投資家のオフィスのエレベータ前で待ち伏せし、偶然に乗り合わせたような顔をして事業の魅力を数十秒の短時間でアピールし資金調達に成功したという話です。筆者はエレベータなどの製造・販売に携わっていましたので、正にエレベータに関するエレベータ・トークを試されたように感じました。よい製品・サービスとは、一言二言でなるほどと腑に落ちる競争力のある差異化ポイントを持つものといえるでしょう。

製品・サービスの競争力には、他社が太刀打ちできない価格によるもの（価格競争力）と、ブランド、新しい利用価値や使い勝手、魅力的なデザインや機能、性能、高い品質や迅速なデリバリ（納期）などの価値によるもの（非価格競争力）とがあります。ここで価値には機能的価値と意味的価値があるといわれます。前者は客観的評価が可能な機能や仕様にかかわる価値であり、後者は顧客の主観的な価値であり自己主張です。近年、アップルの手による個性的なこだわりの新製品の登場と相まって、その重要性が指摘されています。

グローバルな市場に製品・サービスを提供する場合、その仕様を各市場で共通化できれば生産者として最も効率的です。しかし、現実には国や市場によって顧客の価値観が異なり、求められる製品・サービスが違ってきます。そこで製品・サービスを地域特性に合わせて変えていくことになります。その場合、特別に意図的な差異化によって競争優位を狙う部分は別にして、一般的には製品の本体の部分は標準化し、周辺の部分を市場に合わせて多様化させるのがよいでしょう。そうすることによって、本体部分を一カ所で集中して量産し、周辺部分を市場に近い所で個別に調達することができます。標準化に際しては、自社の仕様や技術でデファクト・スタンダード（事実上の標準）化できることがベストです。しかし、それができない場合は、ＩＳＯ（国際標準化機構）やＩＥＣ（国際電気標準会議）などの国際規格に準拠させるのがベターです。それによって、ビジネス上の国際障壁を低くできます。地域に特化しすぎてグローバルな汎用性を失うという、いわゆる「ガラパゴス化」を回避できます。標準化によって企業は安全で信頼性の高い製品を世界のどこにでも自由に売り出すチャンス（機会）が広がり、顧客は世界中から安価でよい製品を手に入れるチョイス（選択肢）が増えます。そして、社会は自由な競争の高まりによって、よりよい方向にチェンジ（変化）していくことができます。企業は差異化による競争優位によって経済的な価値を追求すると同時に、標準化による協調によってグローバルな社会的価値を実現することが期待されるのです。

不特定多数の生活者や消費者を対象にした製品・サービスにおいては、ユニバーサル性（だれもが等しく受益できる設計）が特に要請されます。すなわち、安全、安心、分かりやすさ、使いやすさです。安全・安心に関しては第九講リスクマネジメントで述べたように、フールプルーフ、フェイルセイフ、そしてフェイルソフトが考慮されなければなりません。一〇〇人強の命を奪ったＪＲ福知山線の事故原因は急カーブでのスピードの出し過ぎでした。人間は誤りを犯しますが、それでも事故にならないように予防するのがフールプルーフです。機械には寿命があり故障します。たとえ故障を起こしても重力などの自然法則によって安全側に作動するようにするのがフェイルセイフです。人は間違い、機械は故障し事故が発生します。しかし、万一の場合でもそれを柔らかく受け止め被害を最小限に抑える仕組みがフェイルソフトです。東日本大震災による福島の原発事故は、極めて遺憾ながら、これとは真逆のフェイル〝ハード〟でした。リスク環境、使われ方や消費のされ方に幅広く想像力を働かせて、製品・サービスを設計しなければなりません。

地球と社会を持続可能ならしめるには、資源とエネルギーの費消をできるだけ少なくし、かつ再生可能にする工夫が求められます。二酸化炭素に関して、ＩＰＣＣ（気候変動に関する政府間パネル）は産業革命以降の地球の温度上昇を二度以内に抑えるために二〇五〇年には二〇一〇年比で四〇～七〇％削減する必要があると警告しています。省エネの徹底が企業にとっても大きな務めです。省資源に関しては小型化などの設計の工夫と、部品・原材料の組合せをリサイクルしやすくする知恵が期待されます（第三講）。

インターネットであらゆるものが瞬時に購入できる時代となり、唯我独尊の〝当社価格〟といったものはあり得ません。市場価格は世界的な一物一価、つまり世界で一番安い競争力のある価格に収斂《しゅうれん》していきます。コストパフォーマンスで中国などと競争するとすれば、製品構造を基本的に見直し、かつグローバルなサプライチェーンを新たに作り出していかねばなりません。

製品構造には擦り合わせ型（インテグラル型）と組合せ型（モジュラー型）とがあります。前者は垂直統合されたサプライヤ（部品の供給者）とアセンブラ（製品のメーカー）間の部品や機能の技術的、物理的な擦り合わせによって作られ、後者は水平分業によって供給されるモジュール（機能単位）を組み合わせて作られます。インテグラル型は他社が追随できない高品質・高機能を追求しやすく付加価値を高めることができますが、構造は一般的に複雑になりコストが高くなる欠点があります。一方、モジュラー型は構造が多少は冗長になりますが、確立されたモジュールを使用しますのでコストは合理的になり品質も安定します。おもちゃの「レゴ」を思い浮かべていただくと、その良さがよく分かるでしょう。しかし、モジュールで組み合わされた製品はだれでもすぐに真似できますのでコモディティ（汎用）化が進みます。したがって、製品としての機能的および意味的価値を作り出すためのコンセプトと、製品全体のシステム設計に工夫がいります。また、モジュール部品に問題があるとその影響は広範囲に及ぶので細心の注意が必要です。しばしば、自動車などで部品を共通化した複数の機種で大量のリコールが報じられています。

いかに優れた事業・製品・サービスにも寿命があります。したがって、企業の継続と発展を期すためには、ライフサイクル（導入－成長－成熟－衰退）の様々な位置にある事業・製品・サービスのバランスあるポートフォリオ（組合せ）を持っておくべきでしょう。現時点における製品・サービスの貢献度のみならず、それらの将来性を動態的に考察していくことが大切なのです。

皆さんは様々な製品・サービスに関して消費者・利用者として「ああすれば」「こうであれば」という意見や希望を持っていることでしょう。立場を変えてそれらの生産者・提供者になったとしても、そのようないわば素人のフレッシュな感覚を忘れずに、磨き上げた玄人の技でもってそれに応えていかねばなりません。顧客・社会の満足度を高め生活の質の向上に広く寄与していきましょう。

二、開発のあり方

製品・サービスの開発においては、それがどういう環境でどういった使われ方をするのか、顧客・社会が何に困り何を期待しているのかをマーケティングの視点から考えることが大切です。そして、それに応えるためのコア（核）技術、あるいは戦略的な技術要素を自前で持てるように日頃から人材力と技術力を練磨するとともに、周辺技術については部門や会社を越えて協働できる仕組みを構築することが肝要です。

開発においては一人ひとりの技術力の高さもさることながら、組織としてのよき技術風土がなければなりません。社会的、時代的、そして地球的な要請を正しく早く受け止め、最先端の技術を高い視点と広い視野から捉えて活用する組織的な姿勢です。発明王のエジソンは「天才は一％のひらめきと九九％の汗から生まれる」といいます。「コロンブスの卵」のアイデアに惜しみない情熱を注ぐことによって素晴らしいアウトプットを生み出せるということです。組織的な活動においても同様のことがいえるでしょう。人材がアイデアを生み、組織を挙げてそれを現実のものとすべく情熱を注げる開発環境とチームワークが新製品・サービス開発の成否を左右するのです。

開発の組織的な活動は機能別組織、あるいはプロジェクトチームによって行われます。前者では人材が分野別、部品別あるいはプロセス別に分かれて開発を行います。後者では様々な組織から選抜された人材が事業別、製品別に集結して開発を進めます。機能別組織は専門分野の技術革新の促進とプロ意識の涵養、技術の蓄積と横展開（様々な製品・サービスへの応用）が速いのが特徴です。要素技術の革新性が高い場合は、最新情報の収集や技術革新への注力が必要となり、本組織が有力です。しかし、各機能が独立して動きますのでそれらをトータルとしての製品・サービスにまとめあげるためにはもう一段の工夫と苦心が必要となります。一方、プロジェクト組織は製品・サービスのコンセプトの実現と共有、事業化へのコミットメントの点で優れます。市場・顧客ニーズが複雑な場合は、コンセプトを重視するので本組織が適します。しかし、開発や事業化までの一時的な組織であるため、一般的にチームとしてのマネジメントは難しくなります。これらの折衷型として、機能別組織から選抜されたメンバーが元の所属に籍を置いたまま、新製品・サービス開発のチームにも参加するという方法がしばしば採用されます。これはマトリックス組織と呼ばれますが、メンバーは専門分野で安定した立場を保持しつつ機動的にプロジェクトに参画しますので、うまくやれば機能別とプロジェクト型の両者のメリットを発揮できます。しかし、ワンマン・ワンボス（命令系列の統一）の組織原則から外れますので、指揮・命令の点で問題を生じる恐れがあります。機能別組織とプロジェクトチーム双方のリーダーの理解と協力が重要です。

商品開発課題はマーケティングによって選択された複数の候補の中から選定されます。技術や市場動向の最高水準をベンチマーク（第八講）としたオンリーワンやナンバーワンを狙うものや、キャッチアップ（追随）型のものがあります。優先順位は開発投資による期待利益、すなわち投資によって期待される累計の売上総利益の増加から投資額を差し引いたもので判断されます。また、開発投資による将来の期待キャッシュフローを金利を考慮しながら現在価値に置き換えて累計する割引現在価値（DCF）法などが用いられます。簡便法としてしばしば用いられる回収期間法とは、期待利益の累計が投資額を上回るまでの期間の長短で判断するものです。判定の基準は業種・業態によって異なりますが、近年は技術革新のスピードアップに伴って短縮化しつつあります。このようにして、投資効率の観点から〝可〟と判断されたものの中から、開発リソース、すなわち人材、技術力、設備、資金などとの整合性によって最終的な開発課題が絞り込まれます。

開発の開始にあたっては、それぞれに必要となるプロセスがスケジューリングされます。一般的に、不確定要素の多い開発は一筋縄ではいかず、手戻り作業が頻繁に発生します。したがって、開発プロセスの流れの中でどこに反復の可能性があるのかを事前に察知して順序を組み直し、プロセスの流れを単純化しなければなりません。相互依存し合っているプロセスをできるだけまとめて行うことによって、反復作業や手戻り作業を軽減させるのです。

開発の途上においてはマイルストーン（節目）ごとに、初期に立てた目標から乖離していないか、顧客・市場の要求レベルに合致しているかどうかをデザイン・レビュー（設計審査）によってチェックしていかねばなりません。開発の直接的な関係者だけで行うのではなく、マーケティングや営業部門からの主体的・積極的な参加が大切です。プロジェクトによっては役員やトップも参加しますが、そういう場でしばしば事業化までの厚い障壁を突破するための大きなヒントや推進力を得ることができます。

技術マネジメント（MOT）とは技術と経営戦略の融合を図り、技術を核とした競争優位を確立するための全社的なマネジメントです。マーケティング、開発戦略、知的財産管理およびこれらにかかわるプロジェクト・マネジメント、投資戦略、イノベーションなどのトータル活動を指します。優れたMOTの下では、様々な部門が目標を共有し、社内・外でコラボレーション（協働）し、可能なプロセスをコンカレント（同時並行的）に進めることができます。下流部門からの実践的な情報のフィードバックと、上流部門からの先行的な情報のフィードフォワードとが両々相まって開発のスピードが上がります。例えば、開発者と資材担当との共同作業によって、源流でコストを作り込む（計画し実現する）ことができます。開発者と生産現場との連携によって、加工・組み立て精度のバラツキを吸収するロバスト性（外乱に対する強靭さ）を高めて、品質を作り込むことができるのです。

開発の仕事においては高い技術力が要求されるのは事実です。だからといって、ベテラン技術者の専売特許というわけではありません。大学の研究室を見てください。若い研究者や学生が斬新なアイデアを生み、年々それを引き継ぎながら研究の成果を上げています。皆さんも会社において開発を担当することとなれば、決して臆《おく》することなく積極的・主体的に取り組んでください。

一方、他の部署で仕事をする場合、新製品・サービスの開発は開発部門にお任せとばかりに傍観者を決め込んではなりません。上述したとおり、開発においては開発チーム自身の努力もさることながら、それと連携し支えていく周りの部門の役割が重要です。開発は企業が将来ともに長く活動していくための源泉であり、皆さんの希望の光でもあります。どうぞそれぞれの立場から主体的に参画し、共に担ってください。

三、知的財産のマネジメント

近年の技術環境の特徴はグローバル化、スピード化、および連携による複合化です。製品・サービスのバリュー・チェーン（価値作りの連鎖）はグローバルに展開されています。CAD（コンピュータ支援設計）、CAE（コンピュータ支援技術）およびインターネットなどICTの活用によって開発のスピードがいよいよ増しています。そして、国内および国境を越えた補完的な企業間の提携、ITと非ITなどの異業種間の結合、ならびに産官学のアライアンス（連携）が競争優位の戦略として有力になっています。

このように複雑化した技術環境の中、知的財産を守り活用する戦略がますます重要になってきました。各国の特許に対する考え方の違いもあって、国際的な特許紛争が絶えず、企業を揺るがす大きな問題となるケースが増えています。ちなみにスマートフォン一台の値段を約四〇〇ドルとして、そこに含まれる知財コスト（メーカーが特許権者に支払う特許料）は約三〇％の一二〇ドルにも達するとのことです。

わが国の現状は特許件数において米国を上回るものの、それによる収益面では米国のはるか後塵を拝しています。このような事態に鑑み、わが国でも二〇〇二年に「知財立国宣言」がなされて、プロパテント（知的財産重視）の方針が打ち出されました。価値ある知的財産を生み、有力な特許として権利化し、それを持ち腐れさせずに活用して、産業力を強化することを狙いとした国の基本方針です。大学の独立行政法人化と併せ、知的財産を媒介とした産官学の連携をより強固にしようとするものです。産官学はそれぞれの役割をしっかりと果たした上で、イノベーションを核として連携することによって国際競争力を高めていくことが期待されているのです。

企業においてもプロパテントの方針の下で、新製品や新技術の中に意識的にあるいは無意識的に組み込まれた知的財産を積極的に顕在化させ、特許として権利化し保護・活用しています。そして、それを市場と顧客に対する訴求ポイントとして活用し、固有の競争力とするのです。必ずしも大企業に限った話ではありません。中小企業においても同様です。中小企業では特許を保有する会社の従業員一人当たりの営業利益が持たない会社の三倍になっているとのことです。

知的財産のマネジメントは、事業戦略と研究開発（R＆D）戦略との三位一体で構築されます。事業戦略に即してR＆Dを推進し、その成果を知的財産として保護し、そしてその活用によって事業力を強化するのです。競合企業に対して特許を攻撃的に活用して競争優位を確立し、それを市場と顧客に対する訴求ポイントとして最大限に活用し、事業の収益性に資することができます。特許で事業や製品・サービスが模倣されるのを防ぐことができます。また、それをテコにして企業間のアライアンス（連携）を築いていくこともできます。一方、競合企業や関連分野の特許情報の分析によってR＆Dの方向性の判断に資することができます。競合企業をキャッチアップしやすくし、かつ競合企業との特許係争を未然に防止することができます。それを怠って、仮にも特許に関して受け身で争う事態になれば、結果的に勝訴したとしても時間と経費を浪費して得るところが全くありません。

知的財産として出願された特許は、一般に知られていない新規性、容易に発明できない進歩性、産業で役に立つかどうかの有用性によって、権利が与えられるかどうかが特許庁によって判断されます。これらの条件を充たした上で、コアとなる技術や排他性のある事業・製品・サービスを戦略的に、かつ防衛的に出願することが大切です。その効果を大きくするために、特許のクレーム（請求の範囲）はその特徴をできるだけ適切に表現し、かつ広範囲となるように工夫しなければなりません。

知的財産の価値は顧客への訴求度、競合他社との差異化度、そして自社への貢献度で量られます。評価の目的は経営資源としての資産価値の把握、戦略提携や事業再編のための評価、技術提携に伴うロイヤリティ収入・支出の適正化などです。会社が発明者から特許を承継する際には「相当の対価」が評価に応じて支払われることとなっていますが、その額を巡って会社と社員や元社員との係争が時々報じられているのは双方にとって残念なことです。評価の客観性を高める努力が期待されます。

知的財産は開発投資の目的であり手段でもあります。製品・サービスを特許化し差異化ポイントとして強く訴求するために、企業は開発投資を行います。一方、知的財産が特許として適正に守られることによって、企業は安心して開発に取り組み事業を行うことができるのです。特許発明は必ずしも高度な技術者の専売特許ではありません。全ての社員が市場と顧客の悩みや期待にしっかりと目を向け、市場と顧客の声に真摯に耳を傾けることによって優れた着想を得ることができます。皆さんも決して部外者ではありません。

他人の物真似で一時的に売上げや利益を上げることはできるかもしれませんが、決して長続きはしません。たとえ、既成の製品・サービスで安定した売上げと利益を上げているとしても、いずれ何らかの新事業や代替製品・サービスによって取って代わられます。

企業が永続できる存在であるためには、新しい事業、製品・サービスによって顧客と社会に新しい価値を創造し提供し続けていかねばなりません。それができる若い皆さんへの期待は大きいのです。

第十三講

もの作り

本講ではもの作りについて述べます。もの作りは製品を顧客に提供するまでの一連のサプライチェーン（供給連鎖）によって行われます。

もの作りの良し悪しはＱＣＤ（品質、コスト、デリバリ・リードタイム）によって評価されます。すなわち、顧客が求める一定の機能と性能を備えた製品・サービスを、いかに品質を高く、コストを合理的に、かつ納期どおり迅速に提供できるのかです。言い換えれば、それは資源をいかに効率的に使ってどれだけ高い付加価値を生み出すかということであり、資源と環境を大切にしながら顧客・社会満足を高めていくという時代と社会の要請に応えることでもあります。

一．設計・調達

製品の顧客価値（顧客が受ける価値）は設計情報の良し悪しによって大きく左右されます。また、製品の付加価値は合理的な部材の選定、製品重量および部品点数の低減、加工・組立てのしやすさなどの様々な工夫によって決まりますが、全ての起点は設計にあります。設計で行われる価値分析（ＶＡ）とはコスト当たりの機能・性能・品質などを最大化する努力です。あるいは機能・性能・品質当たりのコストを最小化する工夫です。顧客または消費者・利用者の真のニーズを把握して適切に機能・性能・品質を設定し、それを実現するための手段を巧みに選んでコストを低減させるのです。一般的に、標準仕様や標準品は品質およびコスト面で洗練されています。したがって、顧客のニーズに直接的に関係しない部分についてはできるだけ標準品を使用することがＶＡの早道であり、リードタイムの短縮にも有効です。トヨタなど多くの国内自動車メーカーが様々な車種の部品を共通化してコスト削減を試みようとしているのはその一例です。

製品の品質向上のためには、設計図そのものの品質（正確さと見やすさ）を高めるとともに、適正な強度と寿命を持つ部材を指定し、かつ加工・組立てのしやすい適切な形状と公差（許容される誤差）を指示することが大切です。製造においては必ずしも意図した設計寸法どおりに加工・組立てできるわけではありません。機械の精度不良、作業者の熟練度や現場環境によるバラツキが加わって、思わぬトラブルが発生することがあります。公差とは、それに備えて、許容される誤差の限界値を指示するものです。また、製品の基本機能の中に、少々のバラツキを柔軟に吸収する仕組みを付与することができれば、さらに安定したもの作りができるようになります。

設計は一定のルール・基準とデータベース化された過去の実績を利用して行われます。データベースを効率的に利用するためには、その履歴をきっちりと記録しておかねばなりません。特に、ソフトウェア（プログラム）設計は外見からは判断がし難いだけに注意しなければなりません。今や、ほとんど全ての機械・電気製品はソフトウェアで動いていると言っても過言ではありません。工業社会の産物であるハードウェアは、時が移り人が変わっても現物を見ればある程度は理解できます。しかし、知識社会の産物であるソフトウェアは取り出すのは簡単ですが、その中身は一見するだけでは分かりません。作成者自身、ましてや他人の思考過程を辿《たど》ることは至難の業です。したがって、ハードウェアに組み込まれたソフトウェアには優れたドキュメンテーション（文書やノウハウの管理）の工夫と、それによるトレーサビリティ（追跡可能性）の確保が重要です。

品質を維持しコストを低減するためには、工夫された設計に加えて、使用目的・条件に適合した適切な部材を調達しなければなりません。製品や部材の調達先はグローバルに広がり、サプライチェーンは長く複雑化しています。このような数多くの直接・間接の資材調達先、外注先と戦略的に協働して国際競争力のある品質とコストを追求するのです。そのためのサプライヤ・マネジメント（協力会社の管理）の巧拙が企業競争力の鍵です。カントリーリスクの考慮、協力会社の合理的な選定と契約、効率的な物流など多くの検討すべき課題があります。

協力会社（調達先）の育成のためにはVAのための助言と協働、確かな品質基準と適切な品質仕様の提供、そして確実な品質検査と指導が大切です。初期流動管理（初期製品の保証活動）が欠かせませんが、軌道に乗った後も文化・習慣の違いを考慮して定期的または不定期的な管理を怠ってはならないでしょう。

調達品の在庫には、金利、倉庫費用、入出庫費用、陳腐化費用などが発生します。これらを抑えるとともに欠品による機会損失を軽減するために、必要かつ十分な在庫を持たなければなりません。この点に関しては、後述するリーン生産（ムダのない生産方式）の視点とＢＣＰ（第九講）の視点が互いに相反しますので、双方からのバランスのとれた判断が求められます。調達品の発注については使用金額に応じた重点管理（ＡＢＣ分析）が有効です。

これまでわが国のもの作りは土地に根を下ろしチーム力を発揮する、いわば農耕的な手法を得手としてきました。しかし、近年は広域のサプライチェーンの中でアウトソーシング（外注）を多用する、いわば狩猟型手法に変わりつつあります。サプライチェーンの広がりに応じて様々なメリットが得られるようになった反面、工夫すべき事柄も増えてきました。新しい発想と行動様式が必要です。

二．製　造

生産マネジメントの手法として著名なものに「3T」と呼ばれるものがあります。すなわち、トヨタ生産システム（TPS）、トータル・プロダクティブ・メンテナンス（TPM）、およびトータル・クオリティ・コントロール（TQC）です。

トヨタ生産システム（TPS）は、生産性を阻害するムダ・ムラ・ムリを徹底して排除するものです。ムダとは能力よりも負荷が下回っていること、ムリとは逆に負荷が大きすぎる状態、ムラとはこれらが混在している状況です。そのためにプル（実需に基づいた引き取り）生産を基本とし、負荷の変動に対応できるように人材を多能工化するとともに、「カンバン」による「目で見る管理」を目指します。カンバンは一種の生産指示票であり、後工程に対しては納品書となり、前工程に対しては発注票となって工程間を行ったり来たりして利用されます。自工程で使った分だけ前工程に作らせる仕組みによってジャストインタイム（JIT）化を図り、仕掛り在庫を最小化します（リーン生産）。また、TPSでは工程の中で品質を作り込むことを目指します。その工夫として異常を早期に顕在化させるための「アンドン」を用います。不具合に気づけばすぐに発見場所のアンドン（ランプ）を点灯し、直ちに生産ライン全体を止めてその原因をその場で解決します。「三現・三即・三徹（第九講）」の実践です。

トータル・プロダクティブ・メンテナンス（TPM）は、設備の効率化および設備の故障による機会損失の排除によって生産効率を追求するものです。設備のオペレータによる自主保全、予防保全と予知保全、および新しい設備の初期流動管理によって必要なときに正常に動かすことのできる割合、いわゆる設備の「可動率」を徹底して向上させるのです。一定期間において実際に動いている時間の割合をいう〝稼働率〟とは区別していることに注意してください。

トータル・クオリティ・コントロール（TQC）は、全社的な品質向上運動です。顧客志向と品質第一を基本理念として、方針管理（第二講）の下で様々な課題をPDCAサイクル（第二講、第十四講）に従って解決していきます。それに各職場で編成されたQCサークルが実働部隊として参画します。それまでのQCサークルがもっぱらボトムアップによる改善工夫の積み上げを重視するものとすれば、TQCはトップダウンで方針を全社的に展開し大きな課題解決と風土革新を目指すものです。

全社運動としてのTPS、TPM、およびTQCは、それぞれプロセス、設備、および人と異なる面に着目してマネジメントを展開しますが、いずれも活動を通じて社員の考え方や行動を変えていくことを最終的な目標としています。すなわち、これらは互いにトレードオフ（二律背反）の関係にあるのではなく、むしろ共通の目標に向けた補完的な関係にあります。職種や職場に応じて選択されたり併用されたりします。

中長期の視点から、このような活動をトップマネジメントとともに主導していくのが生産管理部門です。また、同部門は年・月・週あるいは日々の販売計画に従って生産活動を計画し統制します。製造現場の事情に重点を置きすぎますと、販売部門は身動きが取れず困惑します。一方、販売部門の声だけに従って動きますと、製造現場にはムリ・ムラ・ムダが持ち込まれます。両者を結んだ情報の適切なフィードバックとフィードフォワードに配慮が必要です。

製造現場とともに様々な改善活動をリードするのは生産技術部門です。ライン・プロセスの設計、新しい生産技術の開発と改善、新しい設備の導入、ならびに新製品の量産準備をサポートします。これらを円滑に進め実際の成果に結びつけるためには、開発・設計および製造現場との緊密なチームプレーが大切です。生産技術と開発・設計のコミュニケーションが不足すると、製造現場には不適切な設計図が押し付けられたり垂れ流されたりします。生産技術者が製造現場の声に耳を傾けず一方的に主導して生産ラインを構築しますと、稼働したとしてもその後の現場からの主体的、継続的なフォローが期待できません。

一般に、加工・組立て工場において少量で高度な技術を要する生産の場合は、熟練した作業者による労働集約的な形態となり、大量生産の場合は高度な自動化ラインによる設備集約的な形態を採用することになります。一方、顧客仕様によって少しずつ異なる要素を付加する製品においては、ある程度の習熟で可能な複数の連続した作業を一人の作業者によって行う「セル生産（一個流し）」が有効です。セル生産は創意工夫を発揮しやすく、生産性向上に寄与します。図面変更に柔軟に対応できること、作業スペースを節減できること、および工程間仕掛りを低減できるなどのメリットがあり、生産規模の大小にかかわらず多くの企業で採用されています。一般に、正味の付加価値時間の割合は想定以上に低く、プロセス間の運搬、動作待ちや加工準備などに多くの無駄があり、セル生産による効率改善の余地は大きいのです。

生産性向上のもう一つの鍵は現場のモラールです。一人ひとりの参加意識を高め、チームとしての創意工夫を発揮しやすい組織風土と作業環境が求められます。現場の暗黙知（経験知）は大変に貴重であり、それを有効に活かさなければなりません。その工夫として、現場で発生している問題点や改善・工夫している過程を「見える化（可視化）」することが効果的です。グラフなど見やすい図表を使った「QC七つ道具」は、そのための有力なツールです（第八講）。生産性、品質、コスト、リードタイム、その他様々な課題の進捗状況を七つ道具で分かりやすく表現し、ワークショップ（現場）の適切な場所で、いつでもだれでも確認できるようにするのです。

また、作業効率の向上、仕損じの低減、材料および部品の歩留りの向上や、無駄な冷暖房や照明のこまめな管理によって、環境負荷を軽減することも製造現場における大切な視点です。同様に工場からの出荷における梱包材の節減、および正確な日程と効率的な積載による物流合理化は、コストを低減させるだけでなく環境負荷の軽減にも寄与します。

近年、3Dプリンターが急速に普及してきました。設計・製造にかかわる展覧会ではその応用システムが競い合って展示されています。コンピュータ上の3D（三次元）の設計データを元にして樹脂を積層し立体物（製品・部品）を正確に制作できます。製造業を初め医療、教育、先端研究など幅広い分野で応用され、今まさにもの作りの革命が進行しつつあるといえるでしょう。今後の行方を注視したいと思います。

製造現場で外から見ることができるのは人と設備と部材の動きだけです。しかし、その裏にはこれまで述べたように多くのノウハウが隠されています。高い品質と競争力のあるコストを持った製品を期限どおりに作るための管理と技術の力です。それらは人々の知恵と工夫、汗と努力、そして設備の適切な管理と運用、および3S（整理・整頓・清掃）や5S（+清潔・しつけ）などの職場環境の整備によって作り出されたものです。これまでブルーカラーに対して持っているイメージを変える必要があるでしょう。

三、据付け・保守

大型機械、輸送用機器、社会インフラやプラント建設は工場から出荷すればそれで終わりというわけではありません。現場における据付け、組立てやその後の保守（メンテナンス・サービス）が重要な仕事になります。

製品品質は優れた設計に始まりますが、とどめは現場における据付け、組み立て作業によって作り込まれます。それは現場作業者の技術と経験、汗と知恵に大きく依存しますが、加えて現場環境をよく理解した製品の設計、例えば構成部品の種類と点数の削減、大きさや重さ、組み立てやすさにも左右されます。その点で、開発・設計と現場技術者との連携が重要です。

工事の効率は段取りの良し悪しで大方が決まります。請負者の代表としてコンストラクション・マネジメント（CM）を司り、契約履行の一切を統括する現場代理人（現場監督）の責務には大なるものがあります。工事の進行状況を管理するためのツールとしては、ガントチャートやパート図が用いられます。ガントチャートは縦軸に様々な工程や作業を置き、横軸に日時（時間）をとって、横棒（バー）によって作業の実施期間や進捗状況を図示します。ガントチャートによって、どんな作業をどの手順でどのぐらいの時間を掛けて行うのかが明確になります。パート図（PERT）はプロジェクトの各イベント（マイルストーン）をノード（丸）でかこみ、先行するイベントと後続するイベントの間を作業を示す線でつないで、そこに作業時間を書き加えたものです。このようにして作成されたネットワーク状のアローダイヤグラム（矢線図）の中から最も時間のかかるルートをクリティカルパス（最長経路）としてクローズアップし、それに改善を加えて全体のスケジュールの短縮を目指すのです。このようにして、物流と連動させた据付工事を短工期化して工事費を圧縮できます。そのために、営業、工場と工事現場は、販売・在庫・製造と工事日程の情報を共有し、相互に支援し合わねばなりません。

一般に、電力、交通、医療施設などの社会インフラ機器は長期にわたるメンテナンス・サービスが必要です。メンテナンスによって製品を長持ちさせることは生涯コストを節減させるだけではなく、資源の無駄使いをなくし、経済的な持続社会の実現に寄与します。メンテナンスの特徴はその良し悪しを直接手に取って確かめ難いことです。顧客は見た目で直ちにそれを定量的に知覚できず、たとえ不満足を感じたとしても返品できません。したがって、目に見えないメンテナンス・サービスの提供においては、目に見える製品の提供以上に顧客満足に意を尽くさねばなりません。メンテナンスにおいては、単に機能的に問題を起こさなければよいというのでは不十分です。適切な点検・作業による性能の維持・向上に加えて、顧客の心に響くサービスを心がけなければならないでしょう。その点で、第二次産業のメンテナンス・サービスは第三次産業の接客・接待サービスのあり方とある意味で共通したところがあります。正しい服装、溌剌とした挨拶・応対、好感の持てるコミュニケーション力などを総合したＥＱの力（第六講）が要請されます。

メンテナンスのもう一つの特徴は、機動性、即応性が要求されることです。機能・性能にいざ問題が発生した場合、必ずしも簡単な調整や部品交換だけで解決できるとは限りません。したがって、事後保全に追われるのではなく、普段から事前保全（予防と予知）によって要所を押さえた作業を徹底しなければなりません。ここで予防保全とは稼働日数や運転回数に応じて、予知保全とは様々なセンサーによる検査や測定によって、故障の前触れを察知して修理や部品交換を行うものであり、製品・

機器に応じて使い分けられます。

顧客は期待を上回ったサービスには感謝を表しますが、反対に期待を下回った場合には大きな落胆を容赦なく表現します。サービスに感激した顧客は周囲の六人にその経験を伝え、サービスに失望した顧客は周囲の一五人に話すといわれます。喜怒哀楽の表現はある意味で公平ではないのです。そのような中で、メンテナンス・サービスは顧客とのよき接点を保ち続け〝固客〟（リピーター）作りに貢献することが期待されます。また、顧客のニーズに直接触れて得た製品情報を上流部門にフィードバックすることによって、新製品開発にも参画できます。

現場における安全第一主義は社員・作業者の生命や健康を守るとともに、社員・作業者の安心を通して製品の品質によい影響を与えます。生産・工事効率を上げ、結果的に会社の利益を向上させます。安全作業の重要性はいかに強調してもし過ぎることはありません。ハインリッヒの法則によれば一つの重大事故は三〇の中規模事故の中から生じます。そして、その背後には三〇〇の小規模事故があるのです（第九講）。製造現場、据付け、組立てや保守の現場作業における労災事故の予防のためには、様々な場面で発生するヒヤリ・ハット情報を大切にしなければなりません。小規模事故を徹底して予防することによって中規模、大規模事故を未然に防止するのです（第九講）。

据付けの仕事は製品を最終形で完成させられるので、もの作りの喜びを強く味わえます。一方、メンテナンス・サービスは顧客・利用者と直接に接触することによって様々な反応をいただけます。どちらもある意味でやりがいのある仕事ですが、作業現場は環境的に厳しいものがあります。皆さんはたとえどのような仕事に就いたとしても、その現実に思いを致し現場を大切にしてください。

ものにかかわる経済活動は、第二次産業であるもの作りだけで完結するわけではありません。第三次産業のサービス業、例えば金融、情報・通信、小売・卸売、運輸、ホテル・飲食、建設業、不動産などが様々な形で関係しています。もの（製品）にかかわる広告・宣伝、もの作りのための投融資、ものの流通・販売、そのための情報・通信、もの（インフラ）を収容する構造物の建築、もの作りの場としての土地・倉庫の提供などです。もの作りはこのようなサービス業とのつながりによって、初めて付加価値を生む産業として機能するのです。

皆さんが第二次産業のもの作りの仕事に携わっている場合には、第三次産業のサービスの意義とその貢献を知ってください。逆に、第三次産業の仕事や職場に就く場合には、第二次産業のもの作りの現実とその苦労を知ってください。もちろん、私たちの暮らしを支える第一次産業である農林水産業に対する理解は欠かせません。

広い視野から自らの仕事のあり方と、その付加価値のよって立つところを知ることによって、本当に社会に役立つ仕事ができるのです。

第十四講

業績と会計

本講では製品・サービスの価値を顧客・社会に届けることによって得た業績とその見方について述べます。業績には財務的なものと経営的なものがあります。人材力や技術力など経営的な業績は計量し難く、一般的に公表されませんが、いずれは売上げや利益、資産の増減などの財務的な業績に帰結します。

財務的な業績を表す財務諸表は経営の単なる記録ではなく、それまでの経営および仕事のあり方を反省し、今後の指針を得るための重要な指標です。したがって、全ての経営者と社員はそれが意味するところを正しく理解しなければなりません。それを互いに共有し改善すべく努力することによって、会社を未来志向で活力のあるものにしていけるのです。

一．経営計画

会社は絶えず変化する環境の中で事業を行っており、様々なストレスとリスクにさらされています。その中で、ただ漫然と日常業務に埋没している会社と、明確な目標をもって経営行動する会社との間ではやがてはっきりとした差が生じます。伸びる会社は経営計画を立て、会社の将来像を明確にしています。そして、全社員がそれを共有し、その実現のために一致協力して行動しています。一致協力とは、会社の経営計画と各部門の計画および一人ひとりの目標とがしっかりと整合的にリンクし合っていることです。

経営計画は短・中・長期で立案されます。それぞれに明確な定義があるわけではありませんが、短期計画は一年、あるいはさらに細分化した四半期単位で計数化されます。中期計画は三年程度で計画されます。五～一〇年の長期計画は、めまぐるしく変化する環境の下で、目標数値の設定というよりは目標地点に向けての方向性を指し示すものです。一般に、中・長期の計画は環境の変化とその間の経営実績の評価・反省に立って定期的に見直し、部分的に修正されます（ローリングプラン）。

経営計画においては目指すべき目標を現状と対比し、その間のギャップを埋めるための様々な方策が検討されます。一番気楽で、かつよく行われる目標の設定法は、〝なりゆき〟で立てるものです。例えば、過去数年間の売上げや利益などの時系列データを分析して、その延長上に目標を設定します。世の中が平穏無事な時は案外によく当たりますが、経営の意思といったものは感じられません。計画というよりは予想といった方が的を射ているかもしれません。もう一つは周囲の状況からある意味で強いられて作る目標です。例えば、競合企業が近くに拠点を構えたので、その対策をどうするのかといったものです。やむを得ない面もありますが、これは他律的で余り面白みがありません。一番楽しくて成果が上がるのは、自律的に自らの〝なりたい姿〟に向けて目標を設定する方法です。能天気なものでは困りますが、こうなりたい、こうしたいという発想から目標を設定し、仲間とともに足並みを揃えて進むのです。このようにして、経営者と社員のそれぞれの思いが整合的に計画に反映されると、それは確かな説得力と推進力を持ちます。成果が上がったときの喜びも大きいことでしょう。

経営計画を達成するための様々な課題はＰＤＣＡ（計画－実行－評価－改善）のサイクルに従って管理されます。まず、計画の妥当性は顧客志向に立っているか、売上げや利益の絶対的および相対的な大きさに過大や過小がないか、実行計画のスピードが環境変化にマッチしているか、持っている経営資源と整合しているかなどの観点から確認されます。その中で、適切にベンチマーク（第八講）を意識し、適度なストレッチ（これまでのやり方の延長では達成できない目標に挑むこと）を含んだものがよいのではないでしょうか。ストレッチとしては、例えば二〇％程度は設定したいものです。

実行とは計画に従った改善のための行動であり、イノベーションの実践です。そのために必要となる経営資源（ヒト、モノ、カネ）が検討され組織化されます。そして、組織と個人に対する士気の高揚が図られます。実行においては安易な妥協を許さない姿勢が大切です。完了時期は必ず守るべきもの（デッドライン）として明確に共有した上で、最終ゴールから逆算して設定したいくつかのマイルストーン（サブゴール）を着実に達成していくのです。

評価では結果および途中経過が、定期的にあるいはマイルストーンごとに確認され、計画との間で差異がある場合にはその要因が分析されます。評価においては職位の上位者あるいは関係者の参加による成果発表などの機会を持つことが望ましいでしょう。単に計画と実績を突き合わせるだけではなく、差異があれば直ちにその要因を組織を挙げて究明し改善を行うことができます。評価においては責任追及に終始するのは生産的ではありません。それが過ぎると次のPDCAサイクルの計画段階で腰が引けてしまいます。大切なことは、課題解決的な立場に立った評価と反省によって、具体性と実効性のある改善を行うことです。

このようにしてPDCAサイクルがうまく一巡すると、新たなステージに立った次なるPDCAサイクルが始まるのです。

経営の計画は単なる予想ではありませんし、見積られた消化すべき予算とも異なります。計画とは経営の意思であり、一人ひとりの努力を一つの方向に向かわせるための旗印です。適切に設定し、その中で明らかにされた様々な課題をたゆまぬPDCAサイクルによって達成していかねばなりません。

二．売上げと利益

事業の売上げ（収益）と利益を示すのが損益計算書（P／L）です。会社にとって利益は様々なステークホルダーに対する責任の遂行上、欠くべからざるものです。企業の存続と発展はそれによって支えられます。

まず、売上げから製造原価（または原価）を差し引いて売上総利益が計上されます。原価には人件費、材料費、外注費、減価償却費、および経費があります。人件費には加工・組立てに直接的に関与する社員およびそれを間接的に支援する社員の給与や福利厚生費などが含まれます。材料費とはいわゆる仕入れ原価であり、外注費とはサプライヤに委託した加工・組立ての費用です。減価償却費とは建屋や設備など、時とともに低下する資産価値の減耗分を費用として計上するものです。経費には事務用品費、光熱費やリース代など様々な費目が含まれます。このようにして算出された売上総利益から営業および管理（経営、人事、経理、総務など）に要する人件費や経費などの販売管理費を差し引くと営業利益になります。営業利益は事業による収益性を表す重要な数字です。そこから金融収支、為替差損益等を差し引いたものが経常利益です。ここで金融収支とは金融資産の運用から得た配当や利子から、借入金、社債などにかかわる返済利子などを差し引いたものです。為替差損益とは海外取引によって得た外貨の実際の取引と円に換算・転換した時期のずれによって生じる差損益です。結局、経常利益は当期における営業および財務活動を総合した結果ということになります。これに資産の売却や評価替えおよび会計基準の変更などによる特別損益を加減算し、法人税等を差し引いたものが当期純利益（当期利益）です。ちなみに、現在、わが国の法人税等の実効税率が相対的に高く、国際競争力の観点から見直しの論議がなされているところです。最後に、当期純利益とこれまでの蓄積である剰余金の合算から株主に配当金が支払われます。一般的に、株主から見た投資効率は株主の持ち分である自己資本に対する当期純利益の比率、すなわち自己資本利益率（ＲＯＥ）で計られます。例えば、これが８％を上回るかどうかが良し悪しの目安とされます。

様々な利益と利益率を考察することによって、経営の問題点や改善点が明らかになります。例えば、売上総利益が過小な場合は、製品・サービスの価値競争力（価格に対する価値）の作り直し、あるいはサプライヤとの協働による価格競争力（価格に対する原価）の強化が迫られます。売上総利益に対して販売管理費が大き過ぎる場合は、組織内部の管理費や営業活動費のスリム化を検討しなければなりません。総資産に対する営業利益率が金融機関からの借入れに対する返済利率を十分に上回らなければ、借入れをしてまで事業を拡大する意味がありません。一方、株価時価総額（株価×発行済み株式数）に対する配当金の比率が大きければ株主の満足度は高まりますが、それは他方で株価が低すぎることを意味しており、投資家に対する広報活動（ＩＲ）に問題なしとはしません。このように、業績としての利益の様々なステークホルダーへの還元と貢献を見ることによって、経営の課題を明らかにし改善することができます。そして、ステークホルダーから支持される効率的な経営を行うことができるのです。

一般に、損益計算書（P／L）の原価計算は上述したとおり様々な特性を持った費用を合算した製造原価を計算して売上総利益を求め、そこから販売管理費を差し引いて営業利益を計算します。これを全部原価計算と呼びます。一方、原価を直接原価（変動費）と期間原価（固定費）に区分し、売上高から変動費を控除した限界利益を算出し、そこから製造および販売管理にかかわる固定費を控除して営業利益を求める直接原価計算という方法があります。全部原価計算は制度会計上、外部報告として認められたものであり、簡便さにメリットがあります。しかし、費用や損益の構造を把握することが難しく、コストダウンや効率改善活動など原価の積極的な管理に供するには不都合です。そこで、コストを管理可能費と管理不能費、変動費と固定費、および細部の形態別・機能別費目に分解して、それぞれの特質に応じて対策を講じる工夫がいります。それらを管理会計と呼び、直接原価計算を用いた損益分岐点分析はその一つです。会計情報を経営の意思決定や組織・チームの業務測定と評価に役立てるのに好都合です。

損益分岐点分析は横軸（X軸）に売上げをとり、縦軸（Y軸）に原価をとります。売上げゼロにおける原価が固定費であり、製造および販売管理など全部門の人件費、経費、減価償却費などが含まれます。そこ（Y切片）から、材料費、外注費などの変動費を売上げに比例させて直線的に延ばすと総原価が求められます。一方、原点から四五度の傾斜を持つ直線（Y＝X）を引きますと、その高さが横軸の売上高と一致しますので、それが総原価と交わるところの売上高が損益の分岐点（BEP）となります。損益分岐点より大きい売上げを計上できると売上げが総原価を上回りますので利益が出ます。反対に、売上げがBEPに至らない場合は損失となります。したがって、売上げを増やす努力をする一方、BEPを下げるべく固定費を切り詰めたり、変動比率を下げたりと工夫をするのです。売上げから変動費を減算した限界利益は、BEPにおいて固定費に等しくなります。売上げがBEPを越えますと増えた限界利益分だけ利益になる理屈です。ここで変動費は主として材料費や外注費など外部から購入した費用ですので限界利益は付加価値とほぼ同義です。事業や商売においては付加価値をいかにして増やすのか、固定費をいかにして切り詰めるのかに知恵を絞る所以です。

簡単な例を考えてみましょう。ラーメン店がラーメン（値段五〇〇円／杯、材料などの変動費一〇〇円／杯）を毎日一〇〇杯売ったとしますと、一杯の限界利益は四〇〇円（限界利益率〇・八）ですから、一日の売上げが五万円で限界利益の合計は四万円、一カ月の売上げは一五〇万円、限界利益は一二〇万円になります。一方、固定費として家賃や人件費などの合計を八〇万円としますと、差し引き毎月四〇万円の営業利益となります。なお、損益分岐点は固定費八〇万円÷限界利益率〇・八＝一〇〇万円ですから、この店は現状において結構優良な状態です。もし、この店がラーメンと餃子（価格三〇〇円／皿、変動費一〇〇円／皿）をセットにしたメニューを提供し、その料金を単品の合計代金より一〇〇円安い七〇〇円に設定すれば、一セットの限界利益は五〇〇円（七〇〇円－一〇〇円－一〇〇円）となります。顧客は一〇〇円（五〇〇円＋三〇〇円－七〇〇円）儲かった気分になる一方、店はラーメン単品よりもセットの方が一〇〇円（五〇〇円－四〇〇円）だけ限界利益が増えますので双方ともにハッピーな結果となります。

一口に利益や原価といってもいろいろな段階のものがあります。それぞれの意味合いと、それぞれが実際にどのようにして生み出されるのかを正しく理解することによって、初めて経営を正しく方向づけすることができます。様々なステークホルダーに公正・公平に向き合った経営とすることができるのです。

三、資産とキャッシュ

貸借対照表Ｂ／Ｓは負債（借入れなど）と資本がどのような資産（現金、在庫、建屋、設備など）にいくら使用されているかを表した一覧表です。右欄（貸方）に負債ならびに資本金や剰余金などの純資産、左欄（借方）に事業で使う流動資産（現預金、売掛金や在庫など）や固定資産（建屋、設備、投融資など）が配列されます。当然のことながら左右の合計（総資産）額は一致します。

B／Sの各項目はある時点（決算期など）における資産の構成と資本などの状態を表したものであり、それ自身が一定の期間（例えば一年間）における変動や改善の実績を表現するものではありません。したがって、当期の数字を例えば前期末と比較することによって、初めてその間の経営努力を評価し、これからの経営の方向性を正しく判断できることとなります。自己資本が充実したか、非効率な投資はなかったか、無駄に眠らせている資産はないかなどが見るべきポイントです。一般的に、総合的な資産効率は総資産利益率（ROA）で測られます。ROAはB／Sの総資産を使用してどれだけの利益を稼いだかを表す指標です。利益を営業利益で見た場合、ROAの良し悪しの目安は、資金コストを考慮して、おおむね5％とされます。

自己資本と借入金の関係についていえば、当然のことながら自己資本は返済を要さない安定した基金ですので、その比率が高ければ経営は安定します。一方、それは他人資本（借入れ）を余り使わないで経営をしている状態であり、いわゆるレバレッジ（てこ）の効果が利きませんので、自己資本に対する利益率を高めることはできません。すなわち、自己資本に対する他人資本の大小関係は、リスクとリターンの大小につながるのです。

固定資産と自己資本との関係には、固定的な資産が安定した自己資本で賄われているのかどうかが反映されており、経営の安全性が分かります。また、総資産の増加が収益にどれだけ寄与したかを見ることによって経営の効率性が読み取れます。M＆Aについては、それによる直接的あるいは相乗的な営業利益の増加が少なくとも資金コスト（負債および資本の調達費用）を安定的に上回るかどうかによって成否が判断されます。

売掛金や在庫金額が売上げに対して不必要に大きくなっていないかどうかは、営業の効率を測るバロメーターです。業種によって一概には言えませんが、受注してから売上げまでのリードタイムを短縮（仕掛り金額の低減）するもの作り力と、売上げから代金回収までの期間を短縮（売掛金の圧縮）する営業努力によって資金効率が上がります。一方、現預金が多ければ懐が豊かで安心ですが、多すぎればある意味でそれを活用する機会（チャンス）を見逃しているということです。それを見つけられないということであれば、株主は当然のことながらより多くの配当による還元、あるいは自己株取得による間接的な還元を求めます。

キャッシュフロー（C／F）とは現金の収支を表現したものです。営業活動による営業キャッシュフロー、投資活動による投資キャッシュフローおよび財務活動による財務キャッシュフローがあり、それぞれの動きに注意がいります。

営業キャッシュフローを良くするためには、営業利益を良くした上で、不必要に在庫や仕掛りを増やさず、売上げから現金化までの回収期間をできるだけ短縮することです。「利益はオピニオンであり、キャッシュは事実である」と表現されます。利益は会計基準によって変えられたり判断を加えられたりする余地がありますが、キャッシュの動きは現実の姿そのものです。それだけに、事実としてのキャッシュフローに注意を払わなければなりません。

投資キャッシュフローとは固定資産を取得または売却した場合のキャッシュの出入りで、取得すればマイナスとなり売却すればプラスになります。フリーキャッシュフローとは営業キャッシュフローと投資キャッシュフローを合わせた資金の増減であり、キャッシュを生み出す器としての企業の価値を量るバロメーターです。現実の営業キャッシュフローを将来のための投資キャッシュフローにどれぐらい活用しているのかを量るものです。逆にいえば、将来に備えた投資をしながら現実にどれだけ稼いでいるのかということです。

財務キャッシュフローにおいては、配当を支払ったり借入れを返済したりすればマイナスとなり、借入れを増やせばプラスになります。フリーキャッシュフローのプラスでもって財務キャッシュフローのマイナスをカバーして、余りが出るのが一般的に好ましい姿といえます。収益性でもって成長性を確保しつつ、資本コストを賄っている状態だからです。

もしそうでないとすれば、それが何らかの明確な経営の意図をもってなされたものかどうかが問われるところです。

第四講で「仕事には常に数字がついて回る」と申し上げました。皆さんは必ずしも財務会計のプロになるわけではないでしょうが、その本質的な意味合いをよく理解してそれぞれの仕事にあたってください。財務会計は経済行為としての仕事を正しく実践する上でのよき判断基準となります。特に、売上げと費用、利益とキャッシュ、投資と減価償却の関係などを頭の中で整理して仕事にあたってください。

経営計画で説明したＰＤＣＡサイクルは会社に限った話ではありません。皆さんは、ご自身、ご家庭、あるいはグループにおいて様々な目標を持っていることでしょう。目標や課題に対するＰＤＣＡの管理手法を使えば、途中で少々道に迷うことがあったとしても大きく逸れることなくゴールに到達できるはずです。普段は無意識にやっていることでも経営のイロハからあらためて学ぶところがあるのではないでしょうか。

なお、現在は国によって会計基準が少しずつ異なっていますが、経済と経営のグローバル化に伴って、国際的に統一される方向にあります（ＩＦＲＳ）。わが国もその例外ではありません。変化の方向性をフォローしておきましょう。

おわりに

本書は大学の講義用のレジュメをベースにそれを肉付けする形で書き進めたものです。できるだけ平易な言葉と表現で読みやすいものにしたいと考えて机に向かいましたが、消化不良の文章が連なって読者の皆さんにご苦労をかけたのではと心配しつつ、ここまでお読みいただいたことにまずは御礼申し上げます。

第Ⅰ編ではわが国の経済および経営のこれまでの流れとこれからのあり方を解説しました。当たり前のことですが、事業や仕事においては経済・社会・国際情勢を考慮して目標や課題が設定され実践されなければなりません。

また、それらは歴史の流れの中で正しく位置づけされ理解されなければなりません。「愚者は経験に学び、賢者は歴史に学ぶ」とはドイツの宰相ビスマルクの言葉です。事業や仕事における「なぜ」を考える際には、身近な経験だけに頼るのではなく、客観的な成功例や失敗例をより広範に含んだ歴史に学びたいと思います。ところが歴史といえば古代から近代までを中心に勉強し、戦後からこれまでのところは案外にサラッと流されていることが多いのではないでしょうか。古い歴史が決して無駄とは言いませんが、直近の様々な出来事や状況とのつながりから見れば、戦後の歴史をしっかりと理解しておくことがより重要でしょう。第Ⅰ編で述べた戦後の経済と経営の流れはそういった意味で現在とこれからのあり方を考える上での参考にしていただければと思います。

第Ⅱ編では仕事の基本的な作法についてお話ししました。正しい仕事の作法を身につけて、努力した分にふさわしい正当な評価が受けられるようにしたいと思います。そして、仕事を通じて自己の成長と様々な夢の実現を図り、組織や社会に貢献したいと思います。

当然のことですが、学校での勉強に対する態度と会社で仕事に打ち込む姿勢には共通したところがあります。しかし、勉強の成績と仕事の評価との間には直接的な相関は見られません。仕事においては、より創造的な人間力、より実践的な仕事力が期待されます。しっかりと鍛錬し発揮していきましょう。

仕事に限りませんが、一般的に人間関係は複雑でいったん絡まった糸はその解きほぐしに一苦労を要します。人によってはそのストレスで〝ウツ〟に陥る人も数多くいます。心の風邪といわれるものですからいずれ回復するのですが、その間の本人の苦労や周囲の負担は大変です。仕事の基本的な作法を体得して複雑な人間関係にスマートに適応し、心身ともに健全で仕事に打ち込めるようにしたいものです。

ところで、近年、技術の進歩によって世の中が便利で効率的になる一方、様々なリスク要因が早く広く発現し伝搬するようになりました。また、社会の変化によって個々の行動や行為の自由度が増す一方、様々な形のルールの順守が強く求められるようになりました。これまで大雑把に何気なくやっていたことが、本当に安全で安心だろうか、高度化された社会規範に照らして問題ないのかといったケースが増えています。仕事の作法においてより高い品質が求められていることを心に留めておいてください。

第Ⅲ編では仕事の実践として、マーケティングと営業、開発と知的財産、もの作りおよび業績と会計の順でその勘所を説明しました。現代学生の〝就職〟に対する考え方は、むしろ〝就社〟に近いといわれます。就職活動においては偏差値で自己を採点した上で、会社の規模、知名度や給料などによって選択しているように見えます。もちろん、それに一理はあります。経済・社会の不安定性が高まれば、それだけ会社の安定性を求めるのは当然のことです。

しかし、それと同等以上に、どんな職種で自らの力を発揮したいのか、どんな仕事が自分に向いているのかといった基本的な考察が重要です。近年は必ずしも一つの会社で一生働き続けるといったことではないので、何も初めからぴったりとする所でなくてもよいという考え方もできますが、会社や職種の転換には相当のエネルギーがいります。また、若い時の経験は一生モノです。したがって、できるだけ早く自らが活躍できる仕事や職種、およびそれによるキャリア形成について真剣に考えておくべきでしょう。

そのためには、様々な職種について一般的な知見を持っておくことに意義があると思います。例えば、「話がうまいから営業ならいつでもできる」「計算が得意だから経理は簡単だ」などと高を括ってはなりません。それぞれの職種で求められる本質的な資質をしっかりと理解することによって、初めて本当に自分のための〝就職〟活動ができるようになるでしょう。一方、すでに会社で仕事に就いている皆さんには、自らの職種に対する理解を深めるとともに他の職種に対する認識をも高めていただきたいと思います。それができれば自ずとより高いポジションでも力を発揮することができるようになるでしょう。

著者略歴

大谷　謙治（おおたにけんじ）

略　歴

一九四三年　大阪生まれ
京都大学工学博士
元・フジテック株式会社代表取締役社長・会長
元・大阪経済大学・大学院非常勤講師（実践経営論）
一般社団法人宝塚ゴルフ倶楽部理事・名誉書記

著　書

『企業経営実践ノート』（第一法規）二〇〇九年
『もっと、もっと、仕事の話をしよう』（東京図書出版会）二〇一〇年
『アインシュタインに学ぶ経営学』（文芸社）二〇一一年
『システム的に考察する実践経営の「勘所」』（学文社）二〇一三年

これから働き始める人のための実践的仕事論

◉検印省略

二〇一四年一〇月三〇日　第一版第一刷発行

著　者　大谷　謙治
発行者　田中千津子
発行所　株式会社　学文社
〒一五三－〇〇六四　東京都目黒区下目黒三－六－一
電話　〇三（三七一五）一五〇一（代）　FAX　〇三（三七一五）二〇一二
http://www.gakubunsha.com

印刷　東光整版印刷株式会社

乱丁・落丁の場合は本社でお取替します。
定価はカバー・売上カードに表示してあります。
ISBN978-4-7620-2484-9